职业教育新能源汽车技术专业创新教材

Xinnengyuan Qiche
Dongli Dianchi yu Qudong Dianji

新能源汽车动力电池与驱动电机
（第2版）

北京教盟博飞汽车科技有限公司　组织编写

王爱兵　顾建疆　主　编

郜振海　商　卫　吕　翱　副主编

吴荣辉　主　审

人民交通出版社股份有限公司

北京

内 容 提 要

本书是职业教育新能源汽车技术专业创新教材。全书包括 5 个项目、10 个工作任务，主要包括新能源汽车动力蓄电池结构原理与检修、动力蓄电池管理系统结构原理与检修、驱动电机结构原理与检修、驱动电机管理系统结构原理与检修、动力驱动单元结构原理认知。

本书可作为职业院校新能源汽车技术专业教学用书，也可以作为汽车维修专业培训用书和相关技术人员的参考书。

图书在版编目（CIP）数据

新能源汽车动力电池与驱动电机/北京教盟博飞汽车科技有限公司组织编写；王爱兵，顾建疆主编. —2 版. —北京：人民交通出版社股份有限公司，2022.6（2025.1重印）
ISBN 978-7-114-17925-9

Ⅰ. ①新… Ⅱ. ①北… ②王… ③顾… Ⅲ. ①新能源—汽车—蓄电池—职业教育—教材 ②新能源—汽车—驱动机构—职业教育—教材 Ⅳ. ①U469.703

中国版本图书馆 CIP 数据核字（2022）第 064429 号

书　　　名：	新能源汽车动力电池与驱动电机（第 2 版）
著　作　者：	北京教盟博飞汽车科技有限公司
	王爱兵　顾建疆
责任编辑：	时　旭
责任校对：	孙国靖　卢　弦
责任印制：	张　凯
出版发行：	人民交通出版社股份有限公司
地　　　址：	（100011）北京市朝阳区安定门外外馆斜街 3 号
网　　　址：	http://www.ccpcl.com.cn
销售电话：	（010）85285911
总　经　销：	人民交通出版社股份有限公司发行部
经　　　销：	各地新华书店
印　　　刷：	北京市密东印刷有限公司
开　　　本：	787×1092　1/16
印　　　张：	12.25
字　　　数：	283 千
版　　　次：	2017 年 6 月　第 1 版
	2022 年 6 月　第 2 版
印　　　次：	2025 年 1 月　第 2 版　第 4 次印刷　总第 10 次印刷
书　　　号：	ISBN 978-7-114-17925-9
定　　　价：	49.00 元（含教材＋任务工单）

（有印刷、装订质量问题的图书，由本公司负责调换）

职业教育新能源汽车技术专业创新教材编审委员会

主　任： 尹万建　阚有波

副主任： 吴荣辉　李洪港

委　员：（按姓氏笔画排序）

丁宪伟	马长春	王玉珊	王　杰	王爱兵
包科杰	田晓鸿	冯本勇	冯志福	冯相民
孙　丽	刘海峰	朱　岸	江鲁安	李凤琪
李治国	李　健	李港涛	李曙辉	吕晓光
吕　翱	吴晓斌	宋广辉	宋进德	肖　强
陈　宁	杜　伟	周　峰	周茂杰	孟繁营
张东伟	张振群	郑　振	武晓斌	单翔鹭
邸振海	赵　翔	高　武	顾建疆	贾军涛
徐艳飞	殷国松	梁洪波	梁海明	康雪峰
商　卫	曾　鑫	蔺宏良	魏垂浩	

第2版前言

近年来,在国家政策的支持下,新能源汽车得到飞速的发展,由此带来的汽车后市场将需要大量新能源汽车销售、维修及其他各方面的服务人才。目前,全国大多数的职业院校开设了新能源汽车专业或新能源汽车相关课程,以满足汽车行业对人才的需求。

为了满足职业院校对新能源汽车教材及教辅资源的需求,由北京教盟博飞汽车科技有限公司和安莱(北京)汽车技术研究院课程开发团队主导,联合汽车行业新能源汽车培训专家和职业院校教育专家,共同编写了这套新能源汽车教材。本套教材以新能源汽车的使用和维修为方向,改变以往新能源汽车课程偏重设计制造技术、导致理论性太强的缺点,使其更符合职业教育的特点及汽车行业实际情况。

本套教材结合新能源汽车相关企业岗位需求,针对企业高频的典型工作任务进行教学加工,以工作过程为主线,以任务驱动为主要形式的开发思路进行编写,包括《新能源汽车概论》《新能源汽车高压安全与防护》《新能源汽车动力电池与驱动电机》《新能源汽车充电与辅助系统检修》《新能源汽车维护与故障诊断》共5种。

为了提高读者的学习兴趣和使读者便于理解,本教材配套开发了多媒体动画及实训视频,并设置二维码。读者只需要采用智能手机或平板电脑扫描书中对应的二维码,即可学习相关资源的知识。为了方便教师教学,同期开发了教材配套的教学资源:课程标准、教学设计、任务工单、教学课件、配套试题、实训视频、多媒体动画、维修案例等。更多的教学资源请登录新能源汽车资源库(地址为 http://edu.885car.com)。

由于新能源汽车技术及车型更新换代快速,国家及行业相关的政策法规、技术标准也持续出台,开发第2版教材势在必行。开发团队对原教材已经过时的内容进行了同步更新,同时修订了部分不妥甚至错误的内容。第2版教材采用彩色印刷,图文并茂,也提升了教材整体的品质和可阅读性。

《新能源汽车动力电池与驱动电机》是新能源汽车的核心课程,也是最重要的课程。全书条理清晰,层次分明;全面、形象、生动地阐述了新能源汽车动力蓄电池结构原理与检修、动力蓄电池管理系统结构原理与检修、驱动电机结构原理与检修、驱动电机管理系统结构原理与检修、动力驱动单元结构原理等相关知识。本书内容包括5个项目,10个工作任务,以当前市场上主流的比亚迪、北汽新能源、上汽荣威、吉利帝豪、丰田普锐斯/卡罗拉等纯电动汽车、混合动力电动汽车车型为主编写。

本书由北京教盟博飞汽车科技有限公司组织编写。河北交通职业技术学院王爱兵、新疆石河子职业技术学院顾建疆担任主编,新乡职业技术学院部振海、邯郸市职教中心商卫、福建船政交通职业学院吕翱担任副主编,新疆石河子职业技术学院江鲁安担任参编。全书由吴荣辉担任主审。

由于编者水平和经验有限,书中难免存在缺点和疏漏,恳请广大读者批评指正。

编审委员会
2021 年 12 月

目录

项目一 动力蓄电池结构原理与检修 ·· 1
- 任务1 动力蓄电池结构原理认知 ·· 1
- 任务2 动力蓄电池检修 ··· 27

项目二 动力蓄电池管理系统结构原理与检修 ·· 44
- 任务1 动力蓄电池管理系统结构原理认知 ·· 44
- 任务2 动力蓄电池管理系统检修 ·· 59

项目三 驱动电机结构原理与检修 ·· 71
- 任务1 驱动电机结构原理认知 ·· 71
- 任务2 驱动电机检修 ··· 93

项目四 驱动电机管理系统结构原理与检修 ·· 111
- 任务1 驱动电机管理系统结构原理认知 ··· 111
- 任务2 驱动电机管理系统检修 ·· 120

项目五 动力驱动单元结构原理认知 ·· 127
- 任务1 混合动力电动汽车动力驱动单元结构原理认知 ·· 127
- 任务2 纯电动汽车动力驱动单元结构原理认知 ·· 138

参考文献 ··· 148

动力蓄电池结构原理与检修

本项目主要介绍纯电动汽车和混合动力电动汽车动力蓄电池的类型、特点、结构组成、工作原理及检修,分为 2 个任务学习。
任务 1　动力蓄电池结构原理认知;
任务 2　动力蓄电池检修。
通过以上 2 个任务的学习,你可以了解动力蓄电池的主要类型,熟悉动力蓄电池的工作原理,掌握动力蓄电池的分解、组装和检测方法,能够归纳分析市场上主要动力蓄电池的类型特点,为电动汽车的维护与修理奠定基础。

任务 1　动力蓄电池结构原理认知

作为新能源汽车专业的学生,你能够正确区分一辆电动汽车动力蓄电池的类型和工作原理吗?你的主管让你更换动力蓄电池总成,必要时进行动力蓄电池分解检修,你能完成这个任务吗?

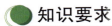

● 知识要求

1. 能够描述新能源汽车动力蓄电池的基本知识;
2. 能够描述新能源汽车动力蓄电池的类型与特点;

3. 能够描述动力蓄电池的参数；
4. 能够描述动力蓄电池的结构组成。

能力要求

1. 能够进行动力蓄电池总成的拆卸与安装；
2. 能够进行动力蓄电池的分解与组装。

素质要求

1. 培养良好的职业道德和工匠精神；
2. 培养安全意识和团队协作精神；
3. 培养自我管理和自主学习能力。

相关知识

1. 动力蓄电池概述

1）电池与动力蓄电池

将化学能转换成电能的装置叫作化学电池，简称为电池。电池放电后，能够用充电的方式使其内部活性物质再生，并把电能储存为化学能；需要放电时，再把化学能转换为电能，这类电池称为蓄电池，也称二次电池。

电池的发展史由 1836 年丹尼尔电池的诞生到 1859 年铅酸电池的发明，再至 1883 年氧化银电池被发明、1888 年实现了电池的商品化、1899 年镍镉电池被发明、1901 年镍铁电池被发明，进入 20 世纪后，电池理论和技术处于一度停滞时期。但在第二次世界大战之后，电池技术又进入快速发展时期：为了适应重负荷用途的需要，发展了碱性锌锰电池；1951 年实现了镍镉电池的密封化；1958 年 Harris 提出了采用有机电解液作为锂一次电池的电解质，20 世纪 70 年代初期便实现了军用和民用；基于环保考虑，人们的研究重点转向蓄电池；镍镉电池在 20 世纪初实现商品化以后，在 20 世纪 80 年代得到迅速发展。

随着人们环保意识的日益增强，铅、镉等有毒金属的使用逐渐受到限制，因此需要寻找新的可代替传统铅酸蓄电池和镍镉蓄电池的可充电电池。锂离子蓄电池自然成为有力的候选者之一。1990 年前后锂离子蓄电池被发明，1991 年锂离子蓄电池实现商品化；1995 年聚合物锂离子蓄电池（采用凝胶聚合物电解质为隔膜和电解质）被发明，1999 年开始商品化。

动力蓄电池也称动力电池（书名中沿用动力电池）、高压动力蓄电池组、高压蓄电池包、HV 蓄电池等，用于存储电能，能够实现电池的循环充放电，作为电动汽车（包括纯电动汽车和混合动力电动汽车等）动力使用。

2）动力蓄电池的作用

动力蓄电池的作用是接收和储存来自外部充电装置（充电桩）、发电机、制动能量回收装置提供的电能，并且为驱动电机和其他高压用电设备提供电能，如图 1-1-1 所示。

动力蓄电池结构原理与检修

a)接收外部充电装置充电

b)接收制动能量回收充电

c)向驱动电机等用户设备供电

图1-1-1　动力蓄电池的作用

动力蓄电池是纯电动汽车的核心部件,也是价格最高的部件之一。动力蓄电池性能的好坏直接决定了这辆车的实际价值。

应用在电动汽车上的储能技术主要是电化学储能技术,即铅酸、镍氢、锂离子等蓄电池储能技术。作为电动汽车的动力源,动力蓄电池技术是电动汽车的核心技术,更是电气技术与汽车行业的关键结合点,一直制约着电动汽车的发展。近年来,随着电动汽车动力蓄电池技术的研发受到各国能源、交通、电力等部门的重视,蓄电池的多种性能得到了提高,如我国就在锂离子蓄电池技术方面取得了突破性进展。

动力蓄电池一旦失效,车辆就会处于瘫痪状态。动力蓄电池属于高压安全部件,内部机构复杂,工作时需要很苛刻的条件,任何异常因素都将导致动力被切断,因此对动力蓄电池的诊断与测试就需要丰富的动力蓄电池的基础技术知识,对动力蓄电池组的更换更需要专业规范的操作。

3)动力蓄电池的安装位置

动力蓄电池在新能源汽车上安装的位置有环境要求、安全要求以及便于拆装等要求。动力蓄电池应尽可能放在清洁、阴凉、通风、干燥的地方,并避免受到阳光直射,远离热源。拆下的动力蓄电池应当水平放置,不可倾斜。动力蓄电池组之间应有冷却装置,以避免动力蓄电池在使用过程中产生过高的热量而影响其性能或造成损坏,严重者可导致爆炸。

由于纯电动汽车需要有更大存储容量的蓄电池,而按照目前的蓄电池制造技术,体积也会相应地增大,因此目前大多数纯电动汽车的动力蓄电池安装在车辆底部的前、后桥及两侧纵梁之间,这些位置有较高碰撞安全性,可以降低车辆重心,车辆操控性更好,且不占用过多的乘客舱的容积。图1-1-2所示是纯电动汽车动力蓄电池安装位置。

混合动力电动汽车的动力蓄电池体积较小,可安装在行李舱和后排座椅的下方或之间。图1-1-3所示是丰田混合动力电动汽车动力蓄电池安装位置。

图1-1-2　纯电动汽车动力蓄电池安装位置

图1-1-3　混合动力电动汽车动力蓄电池安装位置

4)动力蓄电池的使用要求

动力蓄电池在新车期间应执行相应的维护操作,包括对动力蓄电池适度放电和充电,使用时应注意以下内容:

(1)正确掌握充电时间。如果电量表指示应充电,需尽快充电,否则动力蓄电池过度放电会严重缩短其寿命。过度充电、过度放电和充电不足都会缩短动力蓄电池的寿命。

(2)定期充电。建议每天都充电,这样使动力蓄电池处于浅循环状态,其寿命会延长。

5)动力蓄电池的安全要求

(1)安全性测试。动力蓄电池在推向市场前,厂家必须对动力蓄电池进行严格的安全性测试。如果动力蓄电池发生短路、过充电、挤压、针刺、跌落、热冲击等意外后,应保证其安全性,即不变形、不漏液、不破裂、不爆炸、不燃烧。

(2)碰撞安全。在车辆发生如图 1-1-4 所示的碰撞后,动力蓄电池没有发生短路、漏电、漏液现象,且能够继续正常使用,动力蓄电池能够保证自身的安全性。

a)正面碰撞

b)侧面碰撞

图 1-1-4 车辆碰撞事故

图 1-1-5 动力蓄电池及模块的存放

(3)运输与储存。如图 1-1-5 所示,必须将动力蓄电池及其组件存放在装有火灾探测器及自动灭火装置的空间内,确保即使不在工作时间内也能识别出失火情况。不允许将动力蓄电池直接放在地面上,只能放在专用的架子上或绝缘垫上。对于拆下的电池模块,应存放在可上锁的安全柜内。动力蓄电池运输和储存的条件,包括时间、温度、湿度等见表 1-1-1。

动力蓄电池运输和存储的条件   表 1-1-1

状 态	条 件
运输	最多连续 24h 保持 -40℃
	最多连续 48h 保持 60℃
存储	最低温度:-40℃
	最高温度:60℃
	存储时间:3 年(常温下,3 年后需补充电)
	湿度:最大 85% 的相对湿度
生产后供应长期存储	最低温度:10℃
	最高温度:40℃
	存储时间:10 年
	湿度:最大 85% 的相对湿度

(4)损坏判断与处理。动力蓄电池出现以下情况时就会视为已经损坏：
①动力蓄电池单元带有可见烧焦痕迹或可见高温形成迹象。
②动力蓄电池单元发生电解液泄漏。
③动力蓄电池单元冒烟。
④动力蓄电池单元外部面板变形或破裂。

必须将损坏的动力蓄电池临时存放在户外带有特殊标记的容器内(图1-1-6)至少48h,才允许进行最终废弃处理。存放位置必须与建筑物、车辆或其他易燃材料(例如垃圾容器)至少距离5m。

如果动力蓄电池外部已经严重损坏,必须放在耐酸且防漏的凹槽内,以免溢出的电解液流入土壤。

(5)回收利用。新能源汽车动力蓄电池的寿命一般为6~8年。动力蓄电池退役后,一般仍有70%~80%的剩余容量,可降级用于储能、备电等场景,实现余能最大化利用。动力蓄电池梯次利用是对新能源汽车退役动力蓄电池进行必要的检验检测、分类、拆分、电池修复或重组为梯次产品,使其可应用至其他领域的过程。在这种背景下,有关部门于2020年以后开始出台各种新政策,以促进行业规范化发展。其中,鼓励有实力和技术建设的正规企业部署动力蓄电池回收利用环节是该政策的主要方向。

图1-1-6 损坏的动力蓄电池存放容器

2021年8月27日,工业和信息化部等五个部门发布了《新能源汽车动力蓄电池梯次利用管理办法》(工信部联节〔2021〕114号),成立了新能源汽车动力蓄电池梯次利用专家委员会,该专家委员会负责协调新能源汽车动力蓄电池梯次使用管理过程中的重大技术问题,并支持相关政策研究和行业信息分析。

2. 动力蓄电池类型与特点

电能储能方式有物理储能和化学储能两种类型。

物理储能方式常见的有超级电容储能(图1-1-7)和飞轮电池储能(图1-1-8)两种。

图1-1-7 超级电容储能器

化学储能指可充电的化学电池和不能充电的燃料电池,主要包括铅酸蓄电池(图1-1-9,包含应用于自动起停系统的AGM电池,采用玻璃纤维隔板,寿命长)、镍镉蓄电池(图1-1-10)、镍氢蓄电池(图1-1-11)、锂蓄电池(图1-1-12)、燃料电池(图1-1-13)等。早期电动汽车上应用最广泛的电源是铅酸蓄电池,但随着电动汽车技术的发展,铅酸蓄电池由于比能量较低,充电速度较慢,寿命较短,已逐渐被其他类型的蓄电池所取代,而且采用铅酸蓄电池的低速电动汽车也不在新能源汽车之列。镍镉蓄电池主要应用在电动工具或电动叉车上,没有实际应用于电动汽车。以下介绍目前应用在新能源(电动)汽车上的镍氢蓄电池、锂蓄电池和燃料电池。

图1-1-8 飞轮电池

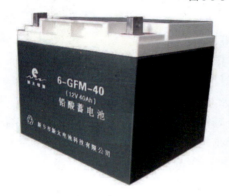

a)普通的铅酸蓄电池

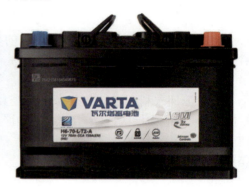

a)AGM电池

图1-1-9 铅酸蓄电池

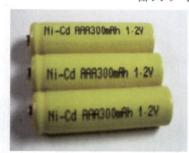

图1-1-10 普通的镍镉蓄电池

图1-1-11 普通的镍氢蓄电池

图1-1-12 普通的锂蓄电池

图1-1-13 燃料电池

1)镍氢蓄电池

镍氢蓄电池(Nickel-Metal Hydride Battery)是正极活性物质由镍制成、负极活性物质主要由储氢合金制成的一种碱性电池。镍氢蓄电池单体额定电压为1.2V,比能量约为80W·h/kg。

由于镍氢蓄电池安全可靠,早期部分纯电动汽车和现在大多数混合动力电动汽车采用了镍氢蓄电池。常见的有方形(图1-1-14)和圆柱形(图1-1-15)的混合动力电动汽车用镍氢蓄电池。

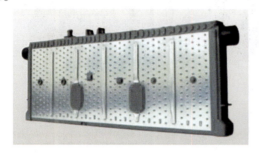 

图1-1-14 方形的镍氢蓄电池单元　　　　图1-1-15 圆柱形的镍氢蓄电池单元

(1)镍氢蓄电池的优点。镍氢蓄电池的优点如下:

①应急补充充电性能好,充电18min可恢复40%~80%的容量,过充电和过放电性能好。

②在80%的放电深度下,循环寿命可达到1000次以上,是铅酸蓄电池的3倍,最多可达到6000次。

③低温性能较好,能够长时间存放。可以在环境温度-28~80℃条件下正常工作。

④镍氢蓄电池中没有铅(Pb)和镉(Cd)等重金属元素,不会对环境造成污染。

⑤镍氢蓄电池可以随充随放,不会出现镍镉在没有放完电后即充电而产生的"记忆效应"。

(2)镍氢蓄电池的缺点。镍氢蓄电池的缺点如下:

①在高温条件下使用时电荷量急剧下降。

②自放电损耗较大。

③镍氢蓄电池的成本很高,价格较贵。

④镍氢蓄电池的比功率和放电能力不及镍镉蓄电池。

⑤镍氢蓄电池在使用时还应充分注意各个单体蓄电池之间的一致性,特别是在高速率、深放电情况下,各个单体蓄电池之间的容量和电压差较明显。

2)锂蓄电池

锂蓄电池(Lithium Battery)是指正极材料含锂(可以是金属锂、锂合金和锂离子、锂聚合物),负极材料采用石墨,使用非水电解质溶液的电池。

纯电动汽车动力蓄电池主要采用锂蓄电池,包括磷酸铁锂蓄电池、钴酸锂蓄电池、锰酸锂蓄电池以及三元锂蓄电池。图1-1-16所示是磷酸铁锂蓄电池组及蓄电池单元。

三元锂蓄电池是指正极材料使用镍钴锰酸锂三元复合正极材料的锂电池,镍钴锰的比例可以根据实际需要调整。三元锂蓄电池的特点是能量密度大(能量密度达到240W·h/kg,是磷酸铁锂蓄电池的1.6倍),同样质量的蓄电池组电池容量更大。但其缺点在于稳定性较差,如果内部短路或是正极材料遇水,都会有明火产生。在极端碰撞事故中,存在起火隐患。

a)磷酸铁锂蓄电池组　　　　　　　　b)蓄电池单元

图1-1-16　磷酸铁锂蓄电池组及蓄电池单元

如图1-1-17所示,特斯拉采用的是18650三元锂蓄电池,18650即指直径为18mm、长度为65mm、圆柱形的蓄电池。

动力蓄电池
电芯结构

图1-1-17　特斯拉汽车采用的18650三元锂蓄电池

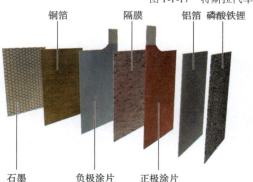

图1-1-18　锂离子蓄电池结构

锂离子蓄电池的结构(以方形蓄电池为例)如图1-1-18所示,其工作原理如图1-1-19所示。锂离子蓄电池由作为氧化剂的正极活性物质、作为还原剂的负极活性物质、作为锂离子导电的电解液以及防止两个电极产生短路的隔板组成,利用正极与负极之间锂离子的移动来进行充电和放电。

(1)锂蓄电池的优点。以最常见的磷酸铁锂为例,锂蓄电池的优点如下:

①单体蓄电池工作电压高达3.7V,电压是镍氢蓄电池的3倍,是铅酸蓄电池的近2倍。

②其质量轻,比能量大,高达150W·h/kg,是镍氢蓄电池的2倍,是铅酸蓄电池的4倍。

③循环寿命长,循环次数可达2000次以上。其寿命约为铅酸蓄电池的2~3倍。

④自放电率低,每月不到5%。

⑤允许工作温度范围宽,低温性能好,锂离子蓄电池可在-20~55℃的温度区间工作。

⑥无记忆效应,所以每次充电前不必像镍镉蓄电池一样需要放电。

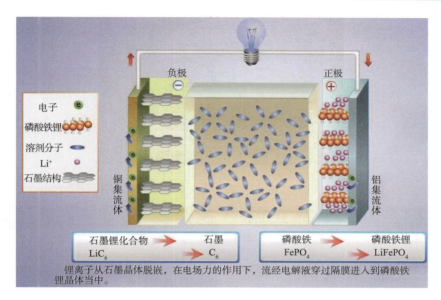

图 1-1-19 锂离子蓄电池工作原理

（2）锂蓄电池的缺点。锂蓄电池的缺点如下：
① 机械损坏可能导致蓄电池短路。
② 蓄电池既不允许过度充电，也不允许过度放电。

3）燃料电池

磷酸铁锂蓄电池工作原理

燃料电池是一种把氢氧化学能转化成电能的电化学装置。在燃料电池内发生的化学反应与水的电解过程刚好相反。电解是通过施加电流将水分解成其组成成分为氢和氧的过程，在电解时需要消耗能量。图 1-1-20 所示是燃料电池外形图及化学反应原理。

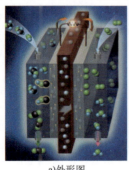
a)外形图

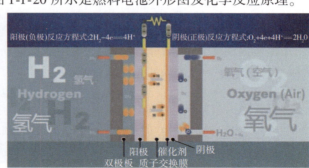
b)化学反应原理

图 1-1-20 燃料电池外形图及化学反应原理

燃料电池的类型很多，最合适汽车使用的燃料电池是 PEM 电池，也称为质子交换膜电池。PEM 电池必须用氢作为能源，可以是直接存储在车辆上的氢，或者是由另一种燃料生成的氢。

3. 动力蓄电池参数

新能源汽车及动力蓄电池厂家在车辆的铭牌、技术资料等上面都会标注动力蓄电池的相关参数。例如，比亚迪 e5 动力蓄电池的参数如图 1-1-21 及表 1-1-2 所示。

图 1-1-21　比亚迪 e5 铭牌

比亚迪 e5 动力蓄电池参数　　　　表 1-1-2

参数名称	参数数值
蓄电池类型	环保型磷酸铁锂蓄电池
单体蓄电池电压	3.2V
动力蓄电池组额定电压	633.6V（3.2V/节 × 198 节 = 633.6V）
完全充放电次数	2000 次
动力蓄电池组容量	75A·h（47.5kW·h）
工作温度	-20 ~ 60℃
储存温度/时间/SOC	-40 ~ 40℃/短期储存（3 个月）/20% ≤ SOC ≤ 40% -20 ~ 35℃/长期储存（< 1 年）/30% ≤ SOC ≤ 40%
质量	≤ 490kg

需要说明的是，不同汽车厂家公布的参数以及同一参数的名称可能有所不同，请参照厂家的技术资料。以下介绍动力蓄电池常用的参数。

1）电压

电动汽车需要提高输出电压来降低从动力蓄电池到驱动电机及其他高压部件之间电能的损耗，并减小传递电能导线的尺寸。

电压在新能源汽车中主要指的是整个动力蓄电池组的电压。这个参数用于衡量电动汽车采用的导线质量以及电池自身容量的大小。

电压指标有电动势、端电压、开路电压、工作电压、额定电压、放电电压、终止电压和电压效率等。

（1）电动势。蓄电池的电动势，又称蓄电池标准电压或理论电压，为组成蓄电池的两个电极的平衡电位之差。

（2）端电压。蓄电池的端电压是指蓄电池正极与负极之间的电位差。

（3）开路电压。蓄电池的开路电压是开路条件下的端电压。开路电压不等于蓄电池的电动势。蓄电池的电动势是由热力学函数计算而得到的，而蓄电池的开路电压则是实际测量出来的。

（4）工作电压。蓄电池在某负载下实际的放电电压，通常是指一个电压范围。例如，铅酸蓄电池的工作电压为 1.8 ~ 2V，镍氢蓄电池的工作电压为 1.1 ~ 1.5V，锂离子蓄电池的工作电压为 2.75 ~ 3.6V。

(5)额定电压。额定电压也称标称电压,是指在规定条件下蓄电池工作的标准电压。例如,比亚迪 e5 纯电动汽车的额定电压为 633.6V,比亚迪秦混合动力电动汽车的额定电压为 460.8V。

(6)终止电压。终止电压是指放电终止时的电压值,根据放电电流大小、放电时间、负载和使用要求的不同而不同。以铅酸蓄电池为例:电动势为 2.1V,额定电压为 2V,开路电压接近 2.1V,工作电压为 1.8~2V,放电终止电压为 1.5~1.8V。放电终止电压根据放电率的不同,其终止电压也不同。

(7)充电电压。充电电压是指外电源的直流电压对蓄电池充电的电压。一般的充电电压要大于蓄电池的开路电压,通常在一定的范围内。例如,镍镉蓄电池的充电电压为 1.45~1.5V,锂离子蓄电池的充电电压为 4.1~4.2V,铅酸蓄电池的充电电压为 2.25~2.7V。

(8)电压效率。电压效率是指蓄电池的工作电压与蓄电池电动势的比值。蓄电池放电时,由于存在内阻等因素,使蓄电池的工作电压小于电动势。

2)内阻

内阻是指蓄电池在工作时,电流流过蓄电池内部所受到的阻力,蓄电池在短时间内的稳态模型可以看作一个电压源,其内部阻抗等效为电压源的内阻,内阻大小决定了蓄电池的使用效率。

内阻是蓄电池最为重要的特性参数之一,绝大部分老化的蓄电池都是因为内阻过大而造成无法继续使用。通常蓄电池的内阻阻值很小,一般用毫欧来度量。

蓄电池的内阻可以用内阻测试仪测量,如图 1-1-22 所示。

图 1-1-22 测量蓄电池内阻的仪器

3)容量和比容量

(1)容量。容量指蓄电池在充足电以后,在一定的放电条件下(放电率、温度、终止电压等)所能释放出的电量,它表征蓄电池储存能量的能力,其单位为安时(A·h)或毫安时(mA·h)。例如,比亚迪 e5 纯电动汽车动力蓄电池容量为 75A·h,比亚迪秦混合动力电动汽车动力蓄电池的额定容量为 33A·h。

(2)比容量。为了比较不同系列的蓄电池,常用比容量的概念。比容量是指单位质量或单位体积的蓄电池所能给出的电量,相应地称为质量比容量或体积比容量。例如,磷酸铁锂蓄电池的比容量为 130mA·h/g。

4)能量和比能量

(1)能量。能量是指在一定放电条件下,蓄电池所能输出的电能,通常用瓦时(W·h)或千瓦时(kW·h,即日常生活中所说的"度")表示。蓄电池的能量,即储存电量的大小,直接影响电动汽车的续驶里程。

(2)比能量。也称能量密度,分质量比能量和体积比能量。质量比能量是指单位质量蓄电池所能输出的能量,单位常用 W·h/kg,也称质量能量密度。体积比能量是指单位体积蓄电池所能输出的能量,也称体积能量密度,单位常用 W·h/L。常用比能量来比较不同的蓄电池系列。

5）功率与比功率

蓄电池的功率是指蓄电池在一定放电条件下,单位时间内输出的能量,单位为瓦(W)或千瓦(kW)。

单位质量或单位体积蓄电池输出的功率称为比功率,单位为 W/kg 或 W/L。如果一个蓄电池的比功率较大,则表明在单位时间内,单位质量或单位体积中给出的能量较多,即表示此蓄电池能用较大的电流放电。因此,蓄电池的比功率也是评价蓄电池性能优劣的重要指标之一。

对于纯电动汽车,其电能储存装置应具有尽可能高的比能量,以保证汽车的续驶里程。对于混合动力电动汽车,其电能储存装置则应具有尽可能高的比功率,以保证汽车的动力性。

6）荷电（SOC）

荷电（即荷电状态,State-of-Char,SOC）,是指蓄电池放电后剩余容量与全荷电容量的百分比,又称荷电程度。荷电是人们在使用中最关心的、也是最不易获得的参数数据,因为荷电程度是非线性变化的。如图 1-1-23 所示是新能源汽车组合仪表的 SOC 显示。

图 1-1-23　新能源汽车组合仪表的 SOC 显示

7）寿命

蓄电池的寿命分为储存寿命和使用寿命。

储存寿命有"干储存寿命"和"湿储存寿命"两个概念。对于在使用时才加入电解液的蓄电池的储存寿命,习惯上也称为干储存寿命。干储存寿命可以很长。对于出厂前已加入电解液的蓄电池的储存寿命,习惯上称为湿储存寿命。湿储存时自放电严重,寿命较短。

使用寿命是指蓄电池实际使用的时间长短。对一次电池而言,电池的寿命是表征给出额定容量的工作时间（与放电倍率大小有关）。对二次电池而言,蓄电池的寿命分充放电循环寿命和湿搁置使用寿命两种。

充放电循环寿命是衡量二次电池性能的一个重要参数。在一定的充放电制度下,蓄电池容量降至某一规定值之前,蓄电池能耐受的充放电次数,称为二次电池的充放电循环寿命。充放电循环寿命越长,蓄电池的性能越好。二次电池的充放电循环寿命与放电深度、温度、充放电制式等条件有关。减少放电深度（即"浅放电"）,二次电池的充放电循环寿命可以大大延长。

蓄电池循环寿命测试方法基本上就是容量测试充放电过程的循环,直到蓄电池实际容量小于额定容量的 80% 终止试验,记录循环次数。

8）各类型动力蓄电池的参数对比

表 1-1-3 所示是常见类型动力蓄电池的参数对比。由于动力蓄电池制造技术的发展,相应的参数和性能也不断变化,以厂家提供的实际数据为准。

常见类型动力蓄电池的参数对比　　　　　　　　　　　　表 1-1-3

蓄电池类型	比能量（W·h/kg）	比功率（W/kg）	能量效率（%）	循环寿命（次）
铅酸蓄电池	35～50	150～400	80	500～1000
镍镉蓄电池	30～50	100～150	75	1000～2000
镍氢蓄电池	60～80	200～400	70	1000～1500

续上表

蓄电池类型	比能量(W·h/kg)	比功率(W/kg)	能量效率(%)	循环寿命(次)
锂离子蓄电池	100～200	200～350	>90	1500～3000
锂聚合物蓄电池	150～200	300～400	>90	2000～3000

4.动力蓄电池的结构组成

动力蓄电池系统主要由动力蓄电池组、蓄电池管理系统、动力蓄电池箱及辅助元器件组成，其整体展示如图1-1-24所示。

1）蓄电池的串联、并联和复联

动力蓄电池组是由很多的单个蓄电池单元进行串、并联组成的，这样有利于提高整个动力蓄电池组的容量和输出电压。

图1-1-24　动力蓄电池整体构成

（1）蓄电池的串联。蓄电池单元串联的目的是增加蓄电池的电压。

（2）蓄电池的并联。蓄电池单元并联的目的是增加蓄电池的容量(电流)。

（3）蓄电池的复联。蓄电池单元复联即同时采用串联和并联的方式，可同时增加蓄电池的电压和容量。

2）动力蓄电池内部结构的名称

以下名词通常用于描述动力蓄电池的内部结构部件(不同品牌厂家的名称可能有差异)：

（1）蓄电池单元。蓄电池单元是构成动力蓄电池的最小单元，也称电芯或单体蓄电池，即我们所常说的一节蓄电池，如图1-1-25所示。

（2）蓄电池单元组。蓄电池单元组是一组串联或并联的蓄电池单元组合，该组合额定电压与蓄电池单元的额定电压相等，是蓄电池单元在物理结构和电路上连接起来的最小分组，如图1-1-26所示。

图1-1-25　各种类型的电芯

图1-1-26　蓄电池单元组

（3）蓄电池模块。蓄电池模块也称蓄电池模组，由多个蓄电池单元组或单体蓄电池串联组成的一个组合体，如图1-1-27所示。

图 1-1-27　蓄电池模块

(4) 动力蓄电池组。动力蓄电池组即整个动力蓄电池总成。一般情况下，如图 1-1-28 所示，单格蓄电池单元并联后形成蓄电池单元组，再由几个蓄电池单元组串联成蓄电池模块，再由几个蓄电池模块串联成动力蓄电池组。图 1-1-29 所示的动力蓄电池组就是由 8 个蓄电池模块进行串联而成的。

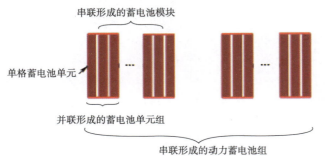

图 1-1-28　动力蓄电池组的构成方式

图 1-1-29　由 8 个模块构成的动力蓄电池组

3）常见车型动力蓄电池结构组成

以下简要介绍常见的纯电动汽车和混合动力电动汽车动力蓄电池的结构组成。

> **警告：**
> 动力蓄电池的分解和组装必须由生产厂家或专业技术人员完成！

(1) 北汽新能源纯电动汽车。北汽 EV160 纯电动汽车采用磷酸铁锂蓄电池，每个蓄电池单体电压为 3.2V，额定（标称）电压为 320V，能量为 25.6kW·h，质量为 295kg。如图 1-1-30 所示，北汽 EV160 动力蓄电池组主要由动力蓄电池箱（动力蓄电池壳体）、蓄电池模块（模组）、动力蓄电池管理系统、辅助元器件等组成。5 个蓄电池单体并联组成一个模块，再由 91 个模块串联成动力蓄电池总成。

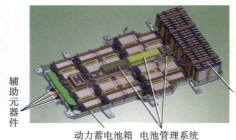

图 1-1-30　北汽新能源 EV160 动力蓄电池的结构组成

(2)上汽荣威纯电动汽车。荣威 E50 纯电动汽车采用磷酸铁锂蓄电池,额定电压为 300V,能量为 18kW·h,容量为 60Ah,质量为 230kg,充电时间慢充约 6h,快充约 30min。荣威 E50 动力蓄电池组结构组成如图 1-1-31 所示。动力蓄电池组包含 5 个模块,其中 3 个大的蓄电池模块(即图 1-1-31 中的 1,共 3 个)分别由 27 个单元组串联起来,2 个小的蓄电池模块(图中 1-1-31 的 2 和 7)又分别由 6 个单元组串联,共计组成了 93 个电压 3.2V 的蓄电池单元组(每个由 3 个单体蓄电池并联)串联,实现约 300V 的输出电压。

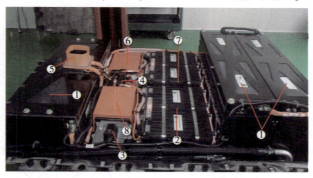

图 1-1-31 荣威 E50 动力蓄电池的结构组成

1-高压电池组蓄电池模块(27 串 3 并);2-高压电池组蓄电池模块(6 串 3 并);3-高压电池组蓄电池管理控制器;4-高压电池组蓄电池检测模块;5-手动维修开关;6-高压电池组蓄电池高压电力分配单元与蓄电池采集和均衡模块(6 串 3 并);7-高压电池组蓄电池模块(6 串 3 并);8-蓄电池采集和均衡模块(6 串 3 并)

(3)比亚迪纯电动汽车。比亚迪 e6 纯电动汽车采用磷酸铁锂蓄电池。额定电压为 3.3V、终止充电电压为 3.6V、终止放电电压为 2.0V。动力蓄电池组由 11 个动力蓄电池模块(共 96 个蓄电池)单元串联后,可以形成约 316.8V 的总电压。

如图 1-1-32 所示,11 个动力蓄电池模组从 A1 至 E 分别标记为 A1、A2、B1、B2、C1、C2、D1、D2、D3、D4 和 E:

①A1、A2、E:每个蓄电池模块由 4 个蓄电池单元串联而成。

②B1、B2:每个蓄电池模块由 10 个蓄电池单元串联而成。

③C1、C2:每个蓄电池模块由 8 个蓄电池单元串联而成。

④D1、D2、D3、D4:每个蓄电池模块由 12 个蓄电池单元串联而成。

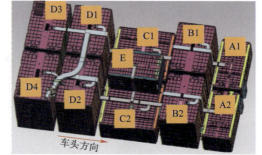

图 1-1-32 比亚迪 e6 动力蓄电池的结构组成

比亚迪 e5 纯电动汽车采用磷酸铁锂蓄电池,单体蓄电池额定电压为 3.3V,由 198 个蓄电池单元串联成额定电压为 653.4V 的动力蓄电池组,总容量为 65A·h,总能量为 42.47kW·h,如图 1-1-33 所示。

(4)丰田混合动力电动汽车。丰田混合动力电动汽车采用的动力蓄电池为镍氢蓄电池,丰田公司称为 HV 蓄电池组,通常装在后排座椅后部靠行李舱的位置,由蓄电池壳体、蓄电池模块、蓄电池管理系统、接线盒总成、接触器等组成,如图 1-1-34 所示。

①HV 高压蓄电池内部结构组成。如图 1-1-35 所示,HV 蓄电池构成及参数如下:

a. 34 个蓄电池模块。
b. 每个蓄电池模块均由 6 个单元组成。
c. 每个蓄电池单元在 2 个位置相连,减少内阻和提高效率。
d. 单体蓄电池额定电压为 1.2V。
e. 总额定电压为 244.8V。
f. 能量密度约为 80W·h/kg。

图 1-1-33 比亚迪 e5 动力蓄电池的结构组成

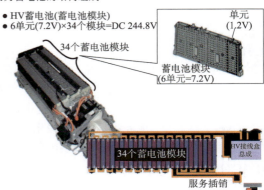

图 1-1-34 丰田 HV 蓄电池的结构组成　　　　图 1-1-35 丰田 HV 蓄电池的内部结构组成

②蓄电池温度传感器。如图 1-1-36 所示,蓄电池温度传感器安装在 HV 蓄电池上部的 3 个部位,用于检测蓄电池的温度。

③蓄电池电流传感器。动力蓄电池电流传感器在 HV 蓄电池上的安装位置如图 1-1-37 所示,用于检测蓄电池的电流强度。

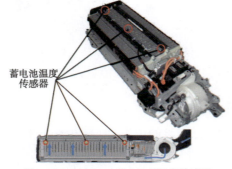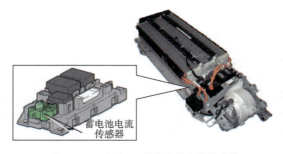

图 1-1-36 丰田 HV 蓄电池的温度传感器　　　　图 1-1-37 丰田 HV 蓄电池的电流传感器

④高压接触器和预充电阻。如图1-1-38所示,蓄电池高压接触器(SMR)由正极接触器B、负极接触器G和主接触器P组成,连接和断开HV蓄电池和高压线束;预充电阻避免接触器闭合瞬间的强大电流损坏电子元件。

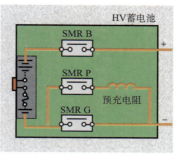

图1-1-38　丰田HV蓄电池的高压接触器和预充电阻

⑤维修开关。丰田混合动力电动汽车的维修开关也称为服务插销或维修塞,串联在蓄电池模块之间,如图1-1-39所示,用于手动关闭高压电路。

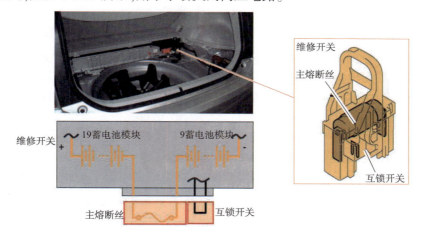

图1-1-39　丰田HV蓄电池的维修开关

任务实施

(一)工作准备

(1)防护装备:绝缘安全防护装备。
(2)车辆、台架、总成:北汽EV160、荣威E50、比亚迪e6或其他纯电动汽车。
(3)专用工具、设备:双柱龙门举升机,动力蓄电池举升机(托架),专用测试仪。
(4)手工工具:绝缘组合工具。
(5)辅助材料:警示标识和设备,绝缘地胶,清洁剂。

（二）实施步骤

本操作任务主要完成对纯电动汽车动力蓄电池组的拆卸与安装，以及分解与组装。

> ⚠ **警告：**
> 高压操作前，维修人员必须穿戴好劳保用品，戴好绝缘手套，穿好高压绝缘鞋。在戴绝缘手套前，必须要检查绝缘手套是否有破损的地方，确保手套无绝缘失效。

> ⚠ **警告：**
> 只允许具备高电压动力蓄电池修理资质的维修人员进行这项工作，而且只有符合检测计划且满足"外部没有机械损伤"前提条件时，才能打开高电压动力蓄电池，并根据检测计划更换损坏组件。

1. 操作前准备

（1）必须满足一些前提才允许对高电压动力蓄电池组进行有针对性的修理工作，这些前提条件既涉及人员安全也包括有特殊工具的要求。

（2）高电压动力蓄电池组修理工位必须洁净、干燥、无油脂、无飞溅火花。因此必须避免紧靠车辆清洗场所或车身修理工位。如有可能应使用活动隔板或隔离带进行隔离。

（3）预先做好车辆防护（铺设三件套）。

（4）拆卸高压部件之前，务必执行高压中止与检验流程。

2. 动力蓄电池组拆卸与安装

下面以上汽荣威 E50 纯电动汽车为例，介绍动力蓄电池组总成的拆卸与安装步骤，其他车型请参照相关的维修手册。

荣威 E50 动力蓄电池组拆卸步骤

1）从车辆上拆下动力蓄电池组总成

（1）关闭点火开关，等待 5min 以上，才可进行拆卸作业。

> 💡 **注意：**
> 正常情况下，在点火开关关闭后，高压系统还存在高压电，这是因为电机控制器中高压电容的存在造成的。需要经过一段时间的等待，高压电容中的电能才能完全释放。

（2）拆下低压蓄电池负极电缆。

（3）拆下位于中控台饰板下方的手动维修开关（图 1-1-40）。

（4）拆卸动力蓄电池组。

①打开动力蓄电池组冷却液膨胀箱盖(图1-1-41)。

图1-1-40　拆下手动维修开关

图1-1-41　打开动力蓄电池组冷却液膨胀箱盖

②举升车辆到合适位置(图1-1-42)。
③拆卸车辆底部导流板(图1-1-43)。

图1-1-42　举升车辆

图1-1-43　拆卸车辆底部导流板

④松开动力蓄电池组到水泵之间的卡箍,断开水泵到三通软管的连接,断开动力蓄电池组上的冷却液管入口(图1-1-44)。

> 💡 **注意:**
>
> 注意:请采用合适的容器接住泄漏的动力蓄电池冷却液。

⑤断开动力蓄电池组上的整车控制器低压连接器、充电低压连接器等低压连接器(图1-1-45)。

图1-1-44　断开动力蓄电池冷却液管

图1-1-45　断开动力蓄电池组上的低压连接器

⑥断开动力蓄电池组上的快充连接器、车载充电连接器等高压连接器(图1-1-46)。

> **注意：**
> 拆卸高压部件务必佩戴绝缘手套。

⑦断开冷却液管出口，排放动力蓄电池冷却液（图1-1-47）。

图1-1-46　断开动力蓄电池组上的高压连接器

图1-1-47　断开冷却液管出口

⑧将万用表旋至直流电压挡，分别测量快充连接器端子对地的电压，以及慢充连接器端子对地的电压，应为0V（图1-1-48）。

⑨铺设绝缘地胶（图1-1-49）。

图1-1-48　测量快充连接器对地的电压

图1-1-49　铺设绝缘地胶

⑩将动力蓄电池举升机（托架）放置于动力蓄电池组下方（图1-1-50），并锁定车轮。

⑪升起动力蓄电池举升机支撑托架到合适高度（图1-1-51）。

图1-1-50　放置动力蓄电池举升机

图1-1-51　调整动力蓄电池举升机位置

⑫松开动力蓄电池组固定在车架上的23个螺栓（图1-1-52）。

⑬检查动力蓄电池组四周是否有遗忘拆卸的螺栓和线束连接器（图1-1-53）。

图1-1-52 松开动力蓄电池组固定螺栓　　　图1-1-53 检查动力蓄电池组螺栓和连接器

⑭缓慢降下动力蓄电池举升机支撑托架,移开动力蓄电池组总成(图1-1-54)。

警告:

在降下动力蓄电池组时,必须再次检查确认,高压线束与动力蓄电池组是否已经完全分离,避免造成触电危险或损伤线束。

⑮松开动力蓄电池组上盖的固定螺栓(图1-1-55)。

图1-1-54 降下动力蓄电池举升机支撑托架　　　图1-1-55 松开动力蓄电池组上盖固定螺栓

⑯取下维修开关底座防水胶垫,松开维修开关底座螺栓(图1-1-56)。
⑰取下动力蓄电池组上盖,动力蓄电池组拆卸完成(图1-1-57)。

图1-1-56 松开维修开关底座螺栓　　　图1-1-57 取下动力蓄电池组上盖

2)将动力蓄电池组总成安装到车辆上
(1)在举升机(双柱龙门式)上举升车辆。
(2)将动力蓄电池组放置在动力蓄电池举升机(托架)支撑平台上的合适位置。

警告:
　　动力蓄电池组托架专用工具的推手柄处须使动力蓄电池组的重心靠近蓄电池突起部分，推行方向为车尾至车头。

 警告:
　　动力蓄电池组托架在举升之后，禁止拖动。

　　（3）按以下步骤安装动力蓄电池组。
　　①安装动力蓄电池组保护盖（图1-1-58）。
　　②对角安装并分批紧固维修开关底座螺栓（图1-1-59）。

图1-1-58　安装动力蓄电池组保护盖　　　　图1-1-59　紧固手动维修开关螺栓

　　③安装维修开关底座防水胶垫（图1-1-60）。
　　④安装并紧固动力蓄电池上盖的固定螺栓（图1-1-61）。

图1-1-60　安装维修开关底座防水胶垫　　　　图1-1-61　紧固动力蓄电池上盖的固定螺栓

　　⑤举升动力蓄电池举升机到动力蓄电池组与底盘接触的合适位置（图1-1-62）。
　　⑥安装并紧固动力蓄电池组固定到车架上的螺栓（图1-1-63）。拧紧力矩为70N·m。
　　⑦降下动力蓄电池举升机并移出到工作区域以外（图1-1-64）。
　　⑧连接动力蓄电池组冷却液管出口（图1-1-65）。
　　⑨连接动力蓄电池组上的车载充电连接器、快充连接器等高压连接器（图1-1-66）。
　　⑩连接动力蓄电池组上的充电低压连接器、整车控制器低压连接器等低压连接器（图1-1-67）。

图 1-1-62　举升动力蓄电池举升机到合适的位置

图 1-1-63　紧固动力蓄电池组固定到车架上的螺栓

图 1-1-64　降下动力蓄电池举升机

图 1-1-65　连接动力蓄电池组冷却液管出口

图 1-1-66　连接动力蓄电池组高压连接器

图 1-1-67　连接动力蓄电池组低压连接器

⑪连接动力蓄电池组冷却液管入口(图 1-1-68)。
⑫安装水泵到三通之间的软管,并紧固卡箍(图 1-1-69)。

图 1-1-68　连接动力蓄电池组冷却液管入口

图 1-1-69　安装水泵到三通之间的软管

⑬安装车辆底部导流板(图 1-1-70)。
⑭降下车辆,加注动力蓄电池组冷却液(图 1-1-71)。

图 1-1-70　安装车辆底部导流板

图 1-1-71　加注动力蓄电池组冷却液

⑮将动力蓄电池组冷却液加至 MAX 和 MIN 之间,并检查系统有无泄漏(图 1-1-72)。

⑯拧紧动力蓄电池组冷却液膨胀箱盖(图 1-1-73)。

图 1-1-72　检查冷却液的液位及泄漏情况

图 1-1-73　拧紧动力蓄电池组冷却液膨胀箱盖

> 提示:
> 务必进行冷却系统排空。

> 警告:
> 溢出的蒸气或冷却液会造成诸如烫伤之类的伤害,所以当冷却系统还热时,不要打开膨胀箱盖。

图 1-1-74　荣威 E50 动力蓄电池组

(4)降低车辆。
(5)安装手动维修开关。
(6)连接低压蓄电池负极电缆。

3.动力蓄电池组分解与组装

绝大多数车型动力蓄电池的分解与组装必须由生产厂家或专业人员完成。下面以荣威 E50 为例介绍动力蓄电池组(图 1-1-74)的分解与组装过程及要点,其他车型请参照相关的维修手册。

1）分解前工位准备

（1）清洁工位。

（2）远离溢出液体。

（3）工位上没有工具或其他物体。

（4）建议使用独立空间，从空间上与其他工位隔开，或使用隔离带进行空间隔离。

（5）附近没有飞溅火花，否则应竖起相应隔板。

2）分解要点

> 💡 提示：
>
> 分解蓄电池模块或蓄电池监控模块及元件前，必须打印元件位置图。

（1）必须遵守安全规定并断开蓄电池模块与壳体上所固定导线之间的高电压导线。

（2）必须按照位置图使用防水笔对所有蓄电池模块和蓄电池监控电子装置进行编号。

（3）松开相关蓄电池模块上的螺栓并取下隔板。如有必要可松开大范围的环形导线束，松开时可根据需要使用专用工具，切勿使用带有尖锐棱边的物体。

（4）拔下相关蓄电池模块的高电压连接器并稍稍弯向一侧，从而确保能够非常顺畅地抬出蓄电池模块。

（5）使用套筒扳手松开蓄电池模块的螺母，小心抬出蓄电池模块（包括蓄电池监控电子装置），为了便于操作可使用专用工具抬出，此时要注意蓄电池模块之间的高电压导线能否顺畅通过。将蓄电池模块底部向下，以防滑防倒方式放在一个洁净平面上。

3）组装要点

（1）使用专用工具小心抬起蓄电池模块（包括蓄电池监控电子装置），在此要注意相邻部件，特别是高电压导线。使用套筒扳手安装蓄电池模块的螺母并按规定力矩拧紧。将导线束的连接器与蓄电池监控电子装置连接在一起。安装并固定拆下的隔板。插上相关蓄电池模块的高电压连接器。连接蓄电池模块与壳体上所固定导线之间的高电压导线。

（2）检查壳体下部件的密封面并清除可能存在的污物。在他人的帮助下小心放上壳体端盖。在此必须注意不要让尖锐棱边接触密封垫。

4）组装后续检查及完善

（1）使用专用测试仪（图1-1-75）进行最终测试。安装前必须使用专用测试仪进行测试，安装适用于排气单元的检测适配器，连接用于压力接口、高电压连接器和12V车载网络连接器的检测接口。图1-1-76所示是荣威E50动力蓄电池单元上的接口。

（2）进行总测试。首先进行密封性测试，随后进行耐压强度、绝缘电阻和绝缘监控测试。

（3）将动力蓄电池单元安装在车上。在他人的帮助下使用总成升降台小心使动力蓄电池单元移回车辆下方。抬起动力蓄电池单元时必须注意锁止件和中间位置，而且不允许将总成升降台抬得过远。安装动力蓄电池组上的固定螺栓，拧入电位补偿螺栓。

图 1-1-75 荣威 E50 动力蓄电池专用测试仪

1-用于操作的触摸屏;2-用于软件更新的 USB 接口;3-网络电缆和主开关接口;4-专用车型开关;5-连接电缆;6-高电压连接器;7-专用车型开关;8-用于高电压测试的继电器盒;9-网络电缆

图 1-1-76 荣威 E50 动力蓄电池单元上的接口

学习测试

1. 填空题

（1）将化学能转换成电能的装置叫_____，一般简称为电池。能够充电的电池称为_____，一般也称_____。

（2）动力蓄电池也称_____、高压动力蓄电池组、高压电池包、_____等，用于存储电能，能够实现电池的_____，作为电动汽车动力使用。

（3）过度_____、过度_____和充电_____都会缩短电池寿命。

（4）电能储能方式有_____储能和_____储能两种类型。

（5）电压指标有_____、端电压、开路电压、工作电压、_____、放电电压、_____和电压效率等。

2. 判断题

（1）动力蓄电池的性能好坏直接决定了纯电动汽车的实际价值。　　　　（　　）

（2）动力蓄电池在车上安装位置没有特别的要求。　　　　　　　　　　（　　）

（3）超级电容的储能方式属于物理储能。　　　　　　　　　　　　　　（　　）

（4）目前大部分的纯电动汽车采用了镍氢蓄电池。　　　　　　　　　　（　　）

(5)动力蓄电池修理工位必须避免紧靠车辆清洗场所或车身修理工位。（   ）

3. 单项选择题

(1)大部分混合动力电动汽车常用的动力蓄电池类型是(   )。
   A. 磷酸铁锂蓄电池   B. 镍氢蓄电池
   C. 三元锂蓄电池   D. 铅酸蓄电池

(2)锂蓄电池的负极材料采用(   )。
   A. 金属锂   B. 锂离子   C. 石墨   D. 铁

(3)以下类型蓄电池单位体积容量最大的是(   )。
   A. 镍氢蓄电池   B. 磷酸铁锂蓄电池
   C. 三元锂蓄电池   D. 铅酸蓄电池

(4)蓄电池单元的复联可以(   )。
   A. 增加蓄电池电压   B. 增加蓄电池容量
   C. 增加蓄电池的安全   D. 同时增加蓄电池的电压和容量

(5)拆卸和安装纯电动汽车需要用到的设备和工具是(   )。
   A. 动力蓄电池举升机   B. 双柱龙门举升机
   C. 绝缘组合拆装工具   D. 以上都是

任务2　动力蓄电池检修

动力蓄电池会像手机蓄电池一样因长时间充电而发烫吗？如果动力蓄电池出现故障，你能使用现有的专业工具正确检测蓄电池单元(单体)的性能参数吗？

任务要求

知识要求

1. 能够描述动力蓄电池性能指标与检测方法；
2. 能够描述动力蓄电池热管理系统结构原理与检修方法。

能力要求

1. 能够使用检测仪器进行动力蓄电池性能检测与维护；

2. 能够进行动力蓄电池热管理系统的冷却液排空、加注与部件更换。

素质要求

1. 培养良好的职业道德和工匠精神；
2. 培养安全意识和团队协作精神；
3. 培养自我管理和自主学习能力。

相关知识

1. 动力蓄电池性能指标与检测方法

1）动力蓄电池性能指标

动力蓄电池作为测试对象的形式有单体和蓄电池组两种形式。单体是蓄电池最基本的单元，称蓄电池单元或单元蓄电池、单体蓄电池、电芯等，它是构成车用动力蓄电池的基础。蓄电池单元的电压和能量都十分有限，使用过程中一般都是以串联、并联的形式成组的提升输出电压和容量。动力蓄电池组安装在具有一定尺寸和接口的蓄电池箱体内，再配以蓄电池管理系统后，在电动车辆上安装和使用。

常见的车用动力蓄电池有铅酸蓄电池、镍氢蓄电池、锂离子蓄电池（包括磷酸铁锂和三元锂蓄电池）等。每种蓄电池根据各自技术原理有不同的特性，各种蓄电池在比能量（或比容量）、充放电次数、技术成熟度性能上有差别。典型蓄电池的参数值见表1-2-1。

蓄 电 池 参 数 表　　　表1-2-1

蓄电池类型	单体电压（V）	比能量（W·h/kg）	循环次数	技术成熟度	成本
铅酸蓄电池	2.0	50	500	成熟	最低
镍氢蓄电池	1.2	80	2000	较成熟	较低
磷酸铁锂蓄电池	3.2~3.7	150	2000	较成熟	较高
三元锂蓄电池	3.6	240	2000	一般	最高

铅酸蓄电池技术最成熟，价格较低，但比能量较低且循环寿命较短；镍氢蓄电池循环寿命较长，技术较为成熟，但单体电压较低；锂离子蓄电池单体电压较高，循环寿命和比容量也相当可观，但成本相对比较高。锂离子蓄电池在纯电动汽车动力蓄电池的应用上拥有更广阔的前景，市场上应用较多的蓄电池正极材料有磷酸铁锂、锰酸锂和三元材料，目前还有关于钛酸锂作为蓄电池负极电极材料的研究。

电动汽车用动力蓄电池的主要性能指标包括电压、内阻、容量和比能量、比容量以及效率等。要使电动汽车能与传统的燃油汽车相竞争，关键就是要开发出比能量（比容量）高、使用寿命长、安全的高性能动力蓄电池。目前针对评价动力蓄电池性能已经有了较为完善的法规和测试方法，主要从基本性能、循环性能（使用寿命）和安全对动力蓄电池的好坏作出评价（表1-2-2）。

动力蓄电池常见性能评价　　　　　　　　　表1-2-2

评价指标	单体		模块	系统
基本性能	一致性(容量、能量、内阻、功率)			
	绝热量热测试(ARC)分析,晶圆测试(CP)		不同温度、倍率下的充放电性能	动力蓄电池管理系统(BMS)功能测试,不同温度、倍率下充放电性能,高低温启动、能量效率
循环性能	常规寿命,考虑因素:充放电电流、工作荷电状态(SOC)区间			
	日历寿命(蓄电池质保期)		模拟工况寿命	实际工况寿命测试:美国联邦城市运行工况(FUDS)、激烈驾驶工况(U506)、新欧洲法规循环工况(NEDC)等
安全性能	电可靠性、机械可靠性、环境可靠性			
	过放电、过充电、短路、跌落、挤压、针刺、海水浸泡、加热、温度冲击			电磁兼容(EMC)、短路保护、过充电保护、过放电保护、不均衡充电、模拟碰撞、挤压、机械冲击、跌落、振动、翻转、外部火烧、结露、冷热循环、沙尘、淋雨、浸水、盐雾、过温

（1）在基本性能的评价上，通过测试动力蓄电池的容量、内阻和输出功率来评定动力蓄电池的基本性能。由于测试的对象是用在汽车上的动力蓄电池，因此测试包括动力蓄电池的单个蓄电池，即蓄电池单元(单体)检测，也会针对串并联的蓄电池模块进行检测。

（2）在循环性能测试上，主要测试的是整个动力蓄电池的常规使用寿命，考虑的因素有充放电电流和工作的SOC范围。

（3）安全性能是动力蓄电池应用在汽车上非常重要的一个指标，结合车辆的运行工况，会测试动力蓄电池的电可靠性等因素。

此外，除了对动力蓄电池本身的检测外，在国家和行业规定的标准中，还有包括对动力蓄电池及管理系统的检测，分别规定了电动汽车用的动力蓄电池的性能、试验方法、检验规则和标识运输及存储要求。

2）动力蓄电池性能检测方法

常用的动力蓄电池技术指标的检测包括：荷电状态(SOC)、内阻、容量、循环寿命、一致性等。

（1）SOC检测。

SOC被用来反映蓄电池的剩余容量状况，其数值上定义为蓄电池剩余容量占蓄电池容量的比值。

SOC是动力蓄电池重要的技术参数，只有准确知道蓄电池的荷电状态，才能更好地使用蓄电池。因为蓄电池组的SOC和很多因素相关且具有很强的非线性，从而给SOC实时在线估算带来很大的困难，还没有一种方法能十分准确地测量蓄电池的SOC。常见的SOC测量方法有以下几种：开路电压法、安时积分法、内阻法等。

①开路电压法。利用蓄电池的开路电压与蓄电池SOC的对应关系，通过测量蓄电池的开路电压来估计SOC。开路电压法比较简单，但是开路电压法只能适用于测试稳定状态下蓄电池的SOC，不能用于动态的蓄电池SOC估算。

②安时积分法。如图 1-2-1 所示,安时积分法是通过负载电流的积分估算 SOC,该方法实时测量充入蓄电池和从蓄电池放出的电量,从而能够给出蓄电池任意时刻的剩余电量。安时积分法实现起来较简单,受蓄电池本身情况的限制小,宜于发挥实时监测的优点,简单易用、算法稳定,成为目前电动汽车上使用最多的 SOC 估算方法。

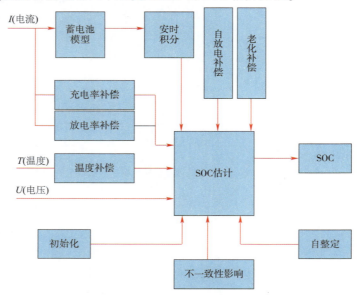

图 1-2-1　安时积分法常规估算模型

③内阻法。蓄电池的 SOC 与蓄电池的内阻有一定的联系,可以利用蓄电池内阻与 SOC 的关系来预测蓄电池的荷电状态。

(2)内阻检测。

不同蓄电池的内阻不同,型号相同的蓄电池由于各蓄电池内部的电化学性能不一致所以内阻也不同。对于电动汽车动力蓄电池而言,蓄电池的放电倍率很大,在设计和使用过程中尽量减小蓄电池的内阻,确保蓄电池能够发挥其最大功率特性。

锂蓄电池的内阻不是固定不变的常数,在使用过程中主要受 SOC 和温度等因素的影响。

内阻测量是一个比较复杂的过程,目前主要有两种方法,即直流放电法和交流阻抗法。

①直流放电法。直流放电法是对蓄电池进行瞬间大电流放电(一般为几十到上百安培),然后测量蓄电池两端的瞬间压降,再通过欧姆定律计算出蓄电池内阻。该方法比较符合蓄电池工作的实际工况,简单易于实现,在实践中得到了广泛的应用。但该方法的缺点是必须在静态或脱机的情况下进行,无法实现在线测量。图 1-2-2 所示是直流放电内阻测试仪。

②交流阻抗法。交流阻抗法是一种以小幅值的正弦波电流或者电压信号作为激励源,注入蓄电池,通过测定其响应信号来推算蓄电池内阻。该方法的优点在于用交流法测量时间较短,不会因大电流放电对蓄电池本身造成太大的损害。图 1-2-3 所示是蓄电池电压内阻测试仪。

图 1-2-2　直流放电内阻测试仪　　　　图 1-2-3　蓄电池电压内阻测试仪

(3) 容量检测。

蓄电池容量是指在一定条件下(包括放电率、环境温度、终止电压等),供给蓄电池或者蓄电池放出的电量,即蓄电池存储电量的大小,它是蓄电池另一个重要的性能指标。容量通常以安培·小时数(A·h)或者瓦特·小时数(W·h)表示。A·h 容量是国内外标准中通用容量表示方法,表示一定电流下蓄电池的放电能力,常用于电动汽车蓄电池。图 1-2-4 是蓄电池容量测试仪与测试数据。

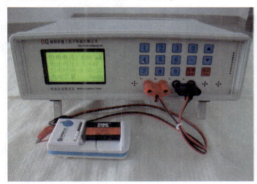 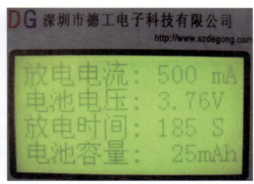

图 1-2-4　蓄电池容量测试仪与测试数据

蓄电池容量测试的标准流程为:放电阶段→搁置阶段→充电阶段→搁置阶段→放电阶段。具体为:用专用的蓄电池充放电设备,在特定温度条件下,蓄电池以设定好的电流进行放电,至蓄电池电压达到技术规范或产品说明书中规定的放电终止电压时停止放电,静置一段时间,然后再进行充电。

充电一般分为两个阶段,先以固定电流恒流充电,至蓄电池电压达到技术规范或产品说明书中规定的充电终止电压时转恒压充电,此时充电电流逐渐减小,至充电电流降至某一值时停止充电,充电后静置一段时间。在设定好的环境下以固定的电流进行放电,直到放电终止电压为止,用电流值对放电时间进行积分计算出容量(以 A·h 计)。

(4) 寿命检测。

蓄电池在使用过程中的容量会逐渐损失。导致锂离子蓄电池容量损失的原因很多,有材料方面的原因,也有生产工艺方面的因素。一般认为,当蓄电池用旧只能充满原有电容量 80% 的时候,就不再适合继续在电动汽车上使用,可以进行梯次利用、回收、拆解和再生。

蓄电池的寿命有循环寿命和日历寿命之分，其中应用最多的是循环寿命。

常规的循环寿命测试方法基本上就是容量测试充放电过程的循环。典型的方法是：将蓄电池充满电，然后在特定温度和电流下放电，直到放电容量达到某一预先设定的数值，如此连续重复若干次；再将蓄电池充满电并放电到放电截止电压后检查其容量。如果动力蓄电池容量小于额定容量的80%，终止试验。充放电循环在规定条件下重复的次数为循环寿命数。

上述这种静态测试方法可以检测出同批次或不同批次动力蓄电池的性能，但是却无法反映出动力蓄电池应用于电动汽车时的性能表现及使用时间。随着不同种类电动汽车动力系统构型、车辆行驶工况和所处气候条件的差异，导致在实际使用过程中，动力蓄电池的工作环境有显著差别。

(5) 一致性检测。

在现有的动力蓄电池技术水平下，电动汽车必须使用多块蓄电池单元构成的蓄电池组来满足使用要求。由于同一类型、同一规格、同一型号蓄电池间在开路电压、内阻、容量等方面的参数值存在差别，即蓄电池性能存在不一致性，使动力蓄电池组在电动汽车上使用时，性能指标往往达不到单体蓄电池原有水平，使用寿命缩短，严重影响其在电动汽车上的应用，有必要对蓄电池组的一致性进行测试与评价。

蓄电池开路电压间接地反映了蓄电池的某些性能，保证蓄电池开路电压的一致，是保证性能一致的一个重要方面。一般采用的方法是将蓄电池静置数十天，测量其满电荷电状态下储存的自放电率以及满电状态下不同储存期内蓄电池的开路电压，通过观察自放电率和电压是否一致对蓄电池的一致性进行评价。根据静态电压配组的方法最简单，但准确度较差，仅考虑了带负载时电压的情况，未考虑带电荷时间和输出容量等参数，往往需要结合其他方法一起使用。

容量是体现蓄电池性能的一个重要参数。可按标准的容量测试流程计算容量，再根据容量及分布对一致性进行评价。这种方法具有操作简单、设备便宜、易于实施等特点；但工作状态和使用环境不同，都会引起蓄电池电压、容量特性的变化，在指定条件下的容量一致，并不能保证蓄电池在实际充放电过程中保持一致。

图1-2-5所示是蓄电池容量检测分容柜。图1-2-6是蓄电池一致性检测示意图。

图1-2-5　蓄电池容量检测分容柜

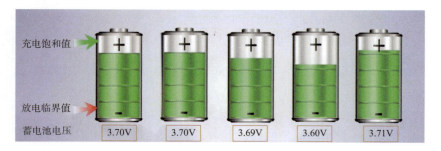

图1-2-6　蓄电池一致性检测示意图

蓄电池的内阻可以快速地测量,因此被广泛用于评价蓄电池的一致性。准确测量内阻数值也有较大的难度,在目前仅能作为定性参考,很难作为定量、精确的依据。

2. 动力蓄电池热管理系统结构原理与检修

1)动力蓄电池热管理系统的作用

电动汽车的动力蓄电池、电机、电机控制器等部件在工作中会产生大量的热,部件过热会严重影响其工作性能。以镍氢蓄电池为例,由表1-2-3可以看出,蓄电池经过放电工况后,其最高温度和最低温度与其平均温度之差在4.2℃左右,其最高温度在35.5℃左右。

镍氢蓄电池放电前后蓄电池箱蓄电池温度测试对照　　表1-2-3

工况	最高温度	最低温度	平均温度
放电前	30.2℃	29.2℃	29.7℃
放电后	35.5℃	32.3℃	33.9℃

(1)动力蓄电池组在充放电时会释放一定的热量,因此需要对其进行冷却。动力蓄电池作为电动汽车的动力能源,其充电、放电的发热一直阻碍着电动汽车的发展。动力蓄电池的性能与温度密切相关,50℃以上的高温会明显加速动力蓄电池的衰老,更高的温度(如150℃以上)则会引发动力蓄电池的热失控。

(2)在低温环境下,需要对动力蓄电池组进行加热处理,以提高运行效率。动力蓄电池组最佳工作温度为23~24℃,温度并非越低越好,在低温的环境下需要对动力蓄电池组进行加热,保持合适的工作温度。

综上,动力蓄电池组不仅仅需要冷却,还需要加热,需要专门的"热管理系统"对动力蓄电池组冷却或加热控制,保持动力蓄电池组处于较佳的工作温度,以改善其运行效率并提高动力蓄电池组的寿命。

需要特别说明的是,目前国内常见的绝大多数电动汽车的电机及电机控制器都采用冷却系统,但动力蓄电池的冷却系统除了少数车型(如荣威汽车)具有以外,很多没有专门的冷却系统,这是由于:一方面,冷却系统增加了动力蓄电池组的体积,或会消耗动力蓄电池的一部分能量;另一方面,通过对动力蓄电池的材料进行改进,以及利用控制程序进行修正,动力蓄电池对工作环境要求不高。当然,这会以损耗蓄电池寿命为代价的。

2)动力蓄电池热管理系统的形式

目前应用在动力蓄电池热管理系统的冷却方式有水冷和风冷两种。

(1)水冷式的结构和工作原理。

如图1-2-7所示,水冷式动力蓄电池热管理系统结构的主要部件包括散热器、膨胀阀、电动冷却液泵(冷却液泵)、冷却液控制阀、加热器和冷却管路,以及相关的控制模块(VCU、BMS和空调控制模块)等。

当动力蓄电池组温度过高时,利用空调系统运行先对动力蓄电池组的冷却液进行降温,再冷却动力蓄电池组;当动力蓄电池组温度过低时,通过加热动力蓄电池组内的冷却液来让动力蓄电池组升温。需要注意的是,整个动力蓄电池组的冷却液都是由电动冷却液泵让动力蓄电池组内冷却液保持循环的。

水冷式动力蓄电池热管理系统的优点是:蓄电池平均能量效率高;蓄电池模块结构紧凑;

冷却效果好;能集成蓄电池加热组件,解决了在环境温度很低的情况下,加热蓄电池的问题。

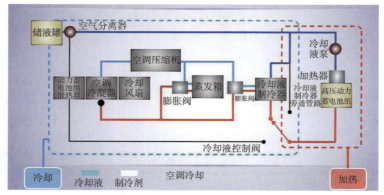

图 1-2-7 水冷式动力蓄电池热管理系统结构与工作原理

水冷式动力蓄电池热管理系统缺点是:系统复杂,增加了很多部件,如电动冷却液泵、冷却液控制阀、冷却液制冷器等,从而导致成本增加。

以下介绍动力蓄电池热管理系统在不同条件下的冷却和加热控制方法。

①常规冷却控制。如图 1-2-8 所示,冷却液控制阀控制冷却液循环不经过空调系统,对动力蓄电池进行常规冷却。

动力蓄电池热管理系统工作原理

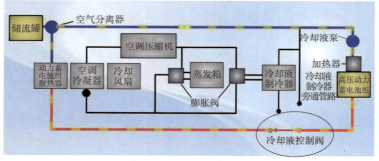

图 1-2-8 动力蓄电池常规冷却控制

②增强冷却控制。如图 1-2-9 所示,冷却液控制阀控制冷却液循环经过空调系统,空调系统工作,冷却液通过冷却液制冷器对动力蓄电池进行增强冷却。

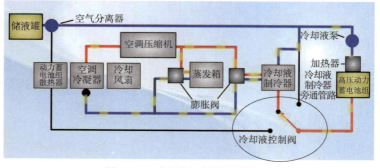

图 1-2-9 动力蓄电池增强冷却控制

③加热控制。如图 1-2-10 所示,冷却液控制阀控制冷却液循环经过加热系统,加热器加热冷却液,对动力蓄电池进行加热。

动力蓄电池结构原理与检修　项目一

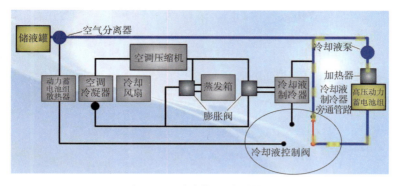

图1-2-10　动力蓄电池加热控制

（2）风冷式的结构和工作原理。

下面以丰田混合动力电动汽车为例，介绍风冷式动力蓄电池热管理系统。丰田混合动力电动汽车动力蓄电池热管理系统结构如图1-2-11所示。

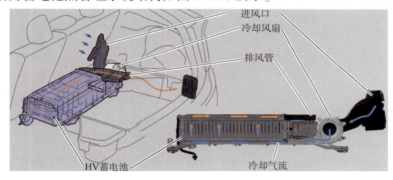

图1-2-11　丰田混合动力电动汽车动力蓄电池热管理系统结构

①冷却风扇控制。HV蓄电池装备有一个冷却风扇和冷却通风导管，BMS使用温度传感器探测动力蓄电池温度和空气温度，根据温度信号，BMS通过PWM脉冲信号来调节风扇转速，HV蓄电池组工作温度超出正常范围时，系统启动动力蓄电池冷却风扇（图1-2-12）。

②冷却气流控制。冷却系统的进风口设计在后排乘客座椅的右侧，如图1-2-13所示。在HV蓄电池温度较高时，利用乘客舱内空调产生的冷空气对动力蓄电池组进行冷却；当环境温度较低时，也会利用在低温情况下乘客舱内暖的空气对动力蓄电池组进行保温。

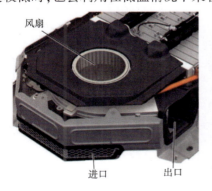

图1-2-12　动力蓄电池冷却风扇

图1-2-13　进风口在后排乘客座椅的右侧

风冷式动力蓄电池冷却空气流动如图 1-2-14 所示。冷却空气通过后排座椅右侧的进气口管道流入,并通过进气风道进入行李舱右表面的 HV 蓄电池鼓风机总成,而且,冷却空气流过进气风道(将鼓风机总成与 HV 蓄电池总成的右上表面相连接)并流向 HV 蓄电池总成。冷却空气在 HV 蓄电池模块间从高处向低处流动。在对动力蓄电池模块进行制冷后,它从 HV 蓄电池总成的底部右侧表面排出。

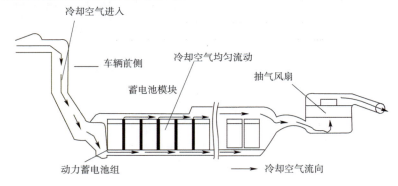

图 1-2-14　风冷系统气流流向

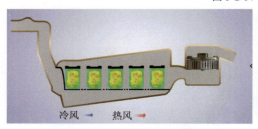

图 1-2-15　风冷式动力蓄电池的通风方式

如图 1-2-15 所示,冷却空气在动力蓄电池组中的流动有串行、并行通风两种方式。

在串行通风散热模式下,冷空气从左侧吹入从右侧吹出。空气在流动过程中不断地被加热,所以右侧的冷却效果比左侧要差,动力蓄电池箱内蓄电池模块温度从左到右依次升高。该技术只应用在第一代丰田普锐斯等车型上。

在并行通风散热模式下,可以使得空气流量在蓄电池模块间更均匀地分布,需要对进排气通道、动力蓄电池布置位置进行很好的设计。其楔形的进排气通道使得不同模块间缝隙上下的压力差基本保持一致,确保吹过不同动力蓄电池模块的空气流量的一致性,从而保证了动力蓄电池组温度场分布的一致性。这种通风散热技术在风冷式动力蓄电池热管理系统中应用广泛。

(一)工作准备

(1)防护装备:绝缘安全防护装备。
(2)车辆、台架、总成:荣威 E50 或其他车型纯电动汽车,北汽新能源或其他车型动力蓄电池总成。
(3)专用工具、设备:补电机(充放电测试仪),故障诊断仪。
(4)手工工具:绝缘组合工具。
(5)辅助材料:警示标识和设备,专用的冷却液。

（二）实施步骤

本操作任务主要完成使用检测仪器进行动力蓄电池性能检测与维护，以及动力蓄电池热管理系统冷却液排空、加注与部件更换。

警告：
高压操作前，维修人员必须穿戴好劳保用品，戴好绝缘手套，穿好高压绝缘鞋。在戴绝缘手套前，必须要检查绝缘手套是否有破损的地方，确保手套无绝缘失效。

警告：
只允许具备高电压动力蓄电池修理资质的维修人员进行这项工作，而且只有符合检测计划且满足"外部没有机械损伤"前提条件时，才能打开高电压动力蓄电池，并根据检测计划更换损坏组件。

1. 动力蓄电池性能检测与维护

1) 动力蓄电池性能检测与维护的内容

对动力蓄电池的车下检测维护主要包括以下内容：
（1）动力蓄电池 SOC 的检查。
（2）动力蓄电池电量平衡状态检查与技术性能检测。
（3）动力蓄电池的充电与放电。
（4）动力蓄电池单元或模块的电量平衡。

本任务主要以北汽新能源纯电动汽车系列动力蓄电池为例，介绍使用专用仪器对动力蓄电池执行技术检查与充电的操作步骤。

提示：
请根据实训室的设备配置选择执行本任务操作，如采用其他设备请参照对应的说明书操作。

警告：
如果发生意外事故，请遵照执行下面的注意事项。
（1）将车辆移到安全地带，并执行断电操作，以降低高压电泄漏的风险。
（2）如果车辆损坏严重。则可能会遭到电击。为避免电击，切勿触摸高压电零部件

（动力蓄电池组件等）或连接部件的电缆（橙色）。如果在车内或车外有裸露的电线，也切勿触摸，以免遭到电击。

（3）如果液体泄漏或流入车辆的某些零部件，切勿触摸这些液体，因为这可能是来自动力蓄电池的电解液。如果液体进入皮肤或眼睛，请立即用大量清水进行冲洗（最好是硼酸溶液）并立即就医以避免重伤。

（4）如果车辆失火，迅速拨打119报警的同时，使用电火专用灭火器灭火。只用少量的水可能会很危险，因此请使用大水量（例如用消防栓），或者等候消防人员的到来。

（5）如果车辆需要拖曳，请在前轮（驱动轮）或所有四个车轮离地的情况下进行拖曳。拖曳时如果前轮着地，电机可能会继续发电，从而导致漏电或发生事故。

（6）长途运输时，建议断开高压系统手动维修开关。

2）动力蓄电池性能检测与维护的操作步骤

（1）使用监控软件确定欠压蓄电池单元位置（图1-2-16）。

（2）将动力蓄电池箱上盖与箱体分离，确定欠压蓄电池单元所属BMS接口位置（图1-2-17）。

图1-2-16　确定欠压蓄电池单元位置　　　图1-2-17　确定欠压蓄电池单元BMS接口位置

（3）确定欠压蓄电池单元采集线所属连接器位置（图1-2-18）。

（4）务必使用厂家（北汽）专用或指定的补电机（图1-2-19）。

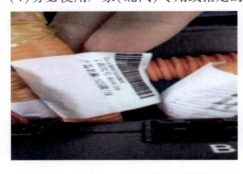

图1-2-18　确定欠压蓄电池单元连接器位置　　　图1-2-19　专用或指定的补电机

（5）将欠压蓄电池单元所在位置连接器插入补电机采集线接口（图1-2-20）。

（6）将补电机位置摆放固定，将专用电源连接线插入补电机，接通电源并打开开关（图1-2-21）。

（7）选择充电设置（图1-2-22）。

(8)根据实际需求设定欠压蓄电池单元所需的电压或安时(图1-2-23)。

图1-2-20　将连接器插入补电机接口

图1-2-21　接通补电机电源

图1-2-22　选择充电设置

图1-2-23　设定所需电压或安时

(9)设定完成后按下确定按钮将后方"×"变为"√",启动补电(图1-2-24)。

(10)等待补电的蓄电池单元恢复正常数值后,关闭电源,断开连接线,完成操作后仪器所显示内容(图1-2-25)。

图1-2-24　按下确定按钮

图1-2-25　完成操作后仪器所显示内容

(11)恢复采集线连接器在接口的位置。

(12)安装动力蓄电池箱体上盖,将箱体安装在整车上。

2.动力蓄电池热管理系统冷却液的加注、排空与部件更换

根据实训室的车辆配置,对新能源汽车(以上汽荣威E50纯电动汽车为例)动力蓄电池热管理系统进行冷却液的排空与加注,以及电动冷却液泵的拆装。

1)动力蓄电池冷却液的排空与加注

(1)冷却液排空。

①打开动力蓄电池冷却液膨胀箱盖(图1-2-26)。

> ⚠ **警告：**
> 溢出的蒸气或冷却液会造成诸如烫伤之类的伤害，所以当冷却系统还热时，不要打开膨胀箱盖。

②在举升机上举升车辆。
③拆下车辆底部导流板（图1-2-27）。

图1-2-26　打开冷却液膨胀箱盖

图1-2-27　拆下底部导流板

④准备合适的容器以收集冷却液（图1-2-28）。
⑤松开卡箍，并从三通上断开动力蓄电池到冷却液管三通软管的连接（图1-2-29）。

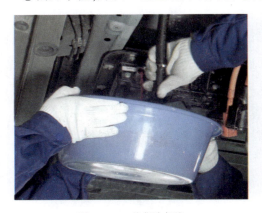

图1-2-28　收集冷却液

图1-2-29　断开冷却液管三通软管的连接

⑥让动力蓄电池冷却液完全排空。
（2）冷却液加注
①将动力蓄电池到冷却液管三通软管连接到三通上，并用卡箍固定。
②降低车辆。
③加注专用的冷却液，直到冷却液液位达到动力蓄电池膨胀水箱颈部并保持静止（图1-2-30）。

> **提示：**
> 动力蓄电池冷却系统采用专用的预混合冷却液Dex-cool®，其为浓度50/50比例的Dex-cool和去离子水的混合液。去离子水用于隔离高电压并防止腐蚀影响散热片的性能。必须始终在动力蓄电池冷却系统中使用预混合的冷却液，切勿使用自来水！

④连接诊断仪，利用元件动作测试的功能让冷却液泵运转。

⑤举升车辆，松开电动冷却液泵进水口处的放气螺栓，将管路内空气排空，直到有冷却液进入冷却液泵，立即拧紧放气螺栓（图1-2-31）。

图1-2-30 加注冷却液

图1-2-31 排放空气

⑥降下车辆，继续使冷却液泵运转20~30min，并根据膨胀水箱中液面的下降情况不断补充冷却液，直到没有气泡冒出，液面不再下降。

⑦关闭冷却液泵，并断开诊断仪。

⑧检查膨胀水箱液面，将冷却液加至MAX和MIN之间。

⑨检查系统有无泄漏。

⑩装上底部导流板。

2）动力蓄电池冷却液泵的拆卸与安装

> **注意：**
> 在安装或拆卸过程中，油液必须回收，不得随意遗弃，工作过程中应防止冷却液进入或飞溅到高压部件。

(1) 动力蓄电池电动冷却液泵拆卸。

①断开低压蓄电池负极，并将蓄电池负极用绝缘胶布包裹防止意外连接。

②将动力蓄电池冷却液膨胀水箱盖打开。

③拆下车辆底部导流板。

④断开电动冷却液泵到动力蓄电池之间的软管，并排空冷却液。

⑤断开电动冷却液泵到冷却液管三通之间的软管(图1-2-32)。
⑥断开电动冷却液泵的连接器(图1-2-33)。

图1-2-32　断开冷却液泵到三通之间的软管

图1-2-33　断开电动冷却液泵的连接器

⑦拆下电动冷却液泵固定在车身上的2个螺栓(图1-2-34)。
⑧取下电动冷却液泵(图1-2-35)。

图1-2-34　拆下冷却液泵固定螺栓

图1-2-35　取下电动冷却液泵

(2)动力蓄电池电动冷却液泵安装。
①将动力蓄电池电动冷却液泵固定在车架上,安装2个螺栓,拧紧力矩为7～10N·m(图1-2-36)。
②安装冷却液管三通与电动冷却液泵之间的软管(图1-2-37)。

图1-2-36　安装动力蓄电池冷却液泵固定螺栓

图1-2-37　安装冷却液管三通与冷却液泵之间的软管

③安装动力蓄电池冷却器与电动冷却液泵之间的软管,并将软管的卡箍固定到原位(图1-2-38)。
④连接电动冷却液泵的连接器(图1-2-39)。
⑤添加动力蓄电池专用冷却液至上限。
⑥连接蓄电池负极,并紧固。
⑦起动车辆测试。

⑧检查动力蓄电池冷却液泵软管有无泄漏。
⑨安装车辆底部导流板。
⑩降下车辆。

图 1-2-38　安装动力蓄电池冷却器与冷却液泵之间的软管

图 1-2-39　连接冷却液泵的连接器

学习测试

1. 填空题

(1) 动力蓄电池作为测试对象的形式有_____和_____两种形式。

(2) 常用的动力蓄电池技术指标的检测方法,包括:荷电状态(SOC)、_____、容量、_____、一致性等检测方法。

(3) 动力蓄电池 SOC 主要的测量方法有开路电压法、_____、_____等。

(4) 应用在动力蓄电池上热管理系统的冷却方式有_____和_____两种。

(5) 冷却空气在动力蓄电池组中的流动有_____、_____通风两种方式。

2. 判断题

(1) 各种类型动力蓄电池中,三元锂蓄电池比能量最高,成本也最高。　　　(　　)

(2) 单体是动力蓄电池最基本的单元,也是构成车用动力蓄电池的基础。　　(　　)

(3) 动力蓄电池的 SOC 很容易测量。　　　　　　　　　　　　　　　　　　(　　)

(4) 绝大部分老化的动力蓄电池都是因为内阻过小而造成无法继续使用。　　(　　)

(5) 动力蓄电池的工作温度越低越好。　　　　　　　　　　　　　　　　　　(　　)

3. 单项选择题

(1) 以下蓄电池类型中,单体电压最低的是(　　)。
　　A. 铅酸蓄电池　　B. 镍氢蓄电池　　C. 磷酸铁锂蓄电池　　D. 三元锂蓄电池

(2) 表示一定电流下动力蓄电池的放电能力的指标是(　　)。
　　A. 荷电状态(SOC)　B. 电压　　　　C. 容量　　　　　　　D. 电阻

(3) 控制动力蓄电池热管理系统冷却液循环切换的部件是(　　)。
　　A. 电动冷却液泵　　B. 散热器　　　C. 膨胀阀　　　　　　D. 冷却液控制阀

(4) 进行欠压蓄电池单元进行补电的设备是(　　)。
　　A. 故障诊断仪　　　B. 车载充电机　C. 充放电测试仪　　　D. 直流充电桩

(5) 动力蓄电池冷却系统采用专用的预混合冷却液 Dex-cool 和(　　)。
　　A. 电解液　　　　　B. 等离子水　　C. 去离子水　　　　　D. 纯净水

项目二

动力蓄电池管理系统结构原理与检修

本项目主要介绍动力蓄电池管理系统的结构原理与检修,分为2个任务学习。
任务1　动力蓄电池管理系统结构原理认知;
任务2　动力蓄电池管理系统检修。
通过以上2个任务的学习,你可以了解动力蓄电池管理系统内部的组成部件,理解动力蓄电池为何要进行平衡管理和热管理,掌握动力蓄电池的安全管理与数据通信。

任务1　动力蓄电池管理系统结构原理认知

一辆电动汽车的仪表无法显示动力蓄电池电量,诊断结果为动力蓄电池管理系统(BMS)模块无法通信,需要进行更换。你能完成这个任务吗?

● 知识要求

1. 能够描述动力蓄电池管理系统的定义和功能;
2. 能够描述动力蓄电池管理系统的结构组成和工作模式。

能力要求

1. 能够进行动力蓄电池管理系统的更换；
2. 能够认识典型车型动力蓄电池管理系统的位置及功能。

素质要求

1. 培养良好的职业道德和工匠精神；
2. 培养安全意识和团队协作精神；
3. 培养自我管理和自主学习能力。

相关知识

1. 动力蓄电池管理系统概述

1) 动力蓄电池管理系统的定义

动力蓄电池的能量储存与输出都需要模块进行管理，即动力蓄电池能量管理模块，一般称为动力蓄电池管理系统，或动力蓄电池能量管理系统，简称 BMS（图 2-1-1）。

BMS 模块位于动力蓄电池组总成内部或附近。如图 2-1-2 所示，通常纯电动汽车或混合动力电动汽车内的 BMS 控制模块只有一个，但是由于动力蓄电池内部由多个动力蓄电池组串联而成，因此，BMS 还会在每个动力蓄电池组上设计一个接口模块，BMS 最后通过管理每个接口模块来实现对整个动力蓄电池组的管理。

图 2-1-1 动力蓄电池管理系统

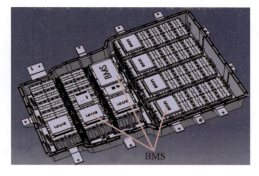

图 2-1-2 动力蓄电池内部的 BMS 模块

2) 动力蓄电池管理系统的控制功能

BMS 是动力蓄电池的控制模块，用于检测动力蓄电池内每个动力蓄电池单元的电压、电流、温度，并实现多个动力蓄电池单元之间的均衡控制。BMS 是动力蓄电池保护和管理的核心部件，不仅要保证动力蓄电池安全可靠的使用，而且要充分发挥动力蓄电池的能力和延长使用寿命。BMS 作为动力蓄电池和整车控制器（VCU）以及驾驶人沟通的桥梁，通过控制接触器控制动力蓄电池组的充放电,并向 VCU 上报动力蓄电池系统的基本参数及故障信息。

动力蓄电池管理系统主控制功能包括数据采集、动力蓄电池状态计算、能量管理、安全管理、热管理、均衡控制、通信功能和人机接口等。BMS 控制方式如图 2-1-3 所示,BMS 的主要任务及相应的传感器输入和输出控制见表 2-1-1。

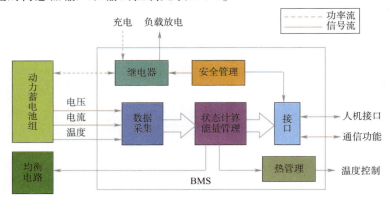

图 2-1-3 动力蓄电池管理系统的控制方式

BMS 的主要任务及相应的传感器输入和输出控制 表 2-1-1

任务	传感器输入信号	执行器件/系统
防止过充	动力蓄电池电压、电流和温度	充电器
避免过放	动力蓄电池电压、电流和温度	电机控制器
温度控制	动力蓄电池温度	热管理系统
动力蓄电池组件电压和温度的均衡	动力蓄电池电压和温度	均衡装置
预测动力蓄电池的 SOC 和剩余行驶里程	动力蓄电池电压、电流和温度	显示装置
动力蓄电池诊断	动力蓄电池电压、电流和温度	非在线分析装置

(1)数据采集。BMS 采集的动力蓄电池数据,包括电压、电流、温度、绝缘性能等重要指标。

(2)动力蓄电池状态计算。动力蓄电池状态计算包括动力蓄电池组荷电状态(State of Charge,SOC)和动力蓄电池组健康状态(State of Health,SOH)两方面。SOC 用来提示动力蓄电池组剩余电量,是计算和估计电动汽车续驶里程的基础。SOH 用来提示动力蓄电池技术状态,预计可用寿命等健康状态的参数。

(3)能量管理。主要包括以电流、电压、温度、SOC 和 SOH 为输入进行充电过程控制,以 SOC、SOH 和温度等参数为条件进行放电功率控制两个部分。

(4)安全管理。监控动力蓄电池电压、电流、温度是否超过正常范围,防止动力蓄电池组过充、过放、过温。在对动力蓄电池组进行整组监控的同时,大部分车型的 BMS 已经发展到对极端单体蓄电池进行过充电、过放电、过温(过热)等安全状态管理。

(5)热管理。在动力蓄电池工作温度超高时进行冷却,低于适宜工作温度下限时对动力蓄电池进行加热,使动力蓄电池处于适宜的工作温度范围内,并在动力蓄电池工作过程中总保持蓄电池单体间温度均衡。对于大功率放电和高温条件下使用的动力蓄电池,动力蓄电池的热管理系统尤为必要。

(6)均衡控制。由于动力蓄电池的一致性差异,导致动力蓄电池组工作状态是由最差的蓄电池单体决定的。在动力蓄电池组各个蓄电池之间设置均衡电路,实施均衡控制是为了使各单体蓄电池充放电的工作情况尽量一致,提高整体动力蓄电池组的工作性能。

(7)通信功能。通过 BMS 实现动力蓄电池参数和信息与车载设备或非车载设备的通信,为充放电控制、整车控制提供数据依据是 BMS 的重要功能之一,根据应用需要,数据交换可采用不同的通信接口,如模拟信号、脉冲(PWM)信号、CAN 总线或串行接口。

(8)人机接口。根据设计的需要设置显示信息以及车辆控制面板的按键、旋钮等。BMS 的主要工作原理可简单归纳为:数据采集电路采集动力蓄电池状态信息数据后,由电子控制单元(ECU)进行数据处理和分析,然后 BMS 根据分析结果对系统内的相关功能模块发出控制指令,并向外界传递参数信息。

如图 2-1-4 是丰田混合动力电动汽车 HV 蓄电池 BMS 控制示意图。

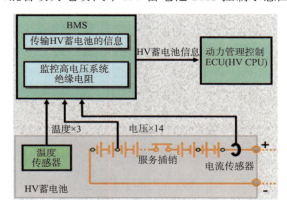

图 2-1-4　丰田混合动力汽车 HV 蓄电池 BMS 控制示意图

图 2-1-5 是丰田混合动力电动汽车 BMS 监控 HV 蓄电池单元电压的原理图,图中绿线为监控蓄电池单元电压的信号线,34 个蓄电池单元 2 个一组监控。HV 蓄电池总成中的蓄电池模块是通过母线串联连接的。HV 蓄电池管理系统(BMS)在 17 个位置上监控蓄电池单元电压。

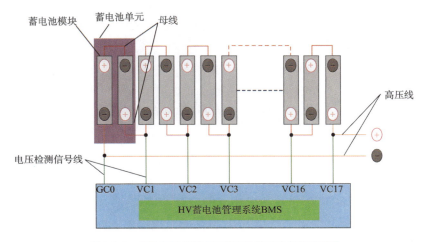

图 2-1-5　丰田 BMS 监控 HV 蓄电池单元电压的原理图

2. 动力蓄电池管理系统的结构组成与工作模式

1）动力蓄电池管理系统的结构组成

动力蓄电池管理系统（BMS）的结构组成分为硬件和软件。硬件包括各控制模块以及采集电压线、电流、温度等数据的电子器件；软件则用于监测动力蓄电池的电压、电流、SOC值、绝缘电阻值和温度值等参数，通过与整车控制器（VCU）、车载充电器的通信，来控制动力蓄电池的充放电。

如图2-1-6是北汽新能源早期的纯电动汽车（E150 EV）BMS结构组成示意图，图2-1-7是组成部件的位置图。BMS放置在一个密封并且屏蔽的动力蓄电池箱里面，使用可靠的高低压接插件与整车进行连接。BMS实时采集各电芯（蓄电池单元）的电压值、各温度传感器的温度值、动力蓄电池系统的总电压值和总电流值、动力蓄电池系统的绝缘电阻值等数据，并根据BMS中设定的标准值判定动力蓄电池系统工作是否正常，并对故障实时监控。BMS使用CAN与VCU或车载充电器之间进行通信，对动力蓄电池系统进行充放电等综合管理。

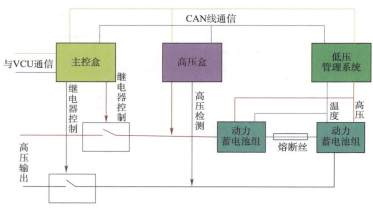

图2-1-6 北汽新能源E150 EV BMS结构组成示意图

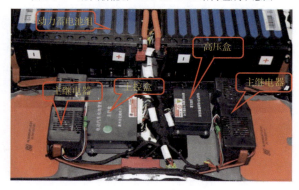

图2-1-7 北汽新能源E150 EV BMS组成部件位置图

随着电子技术的发展，目前的纯电动汽车和混合动力电动汽车采用的动力蓄电池管理系统，都已经把主控盒、高压盒和动力蓄电池低压管理系统集成到一个BMS模块内。如图2-1-8是北汽新能源新款纯电动汽车BMS模块的位置示意图。如图2-1-9是丰田混合动力汽车HV蓄电池BMS的位置。

动力蓄电池管理系统结构原理与检修 项目二

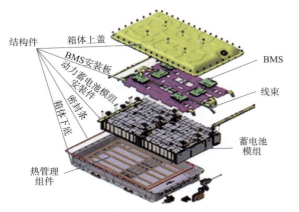

图 2-1-8 北汽新能源纯电动汽车 BMS 模块位置示意图

图 2-1-9 丰田 BMS 的安装位置

2）动力蓄电池管理系统的工作模式

动力蓄电池管理系统高压接触器结构如图 2-1-10 所示，控制原理如图 2-1-11 所示。

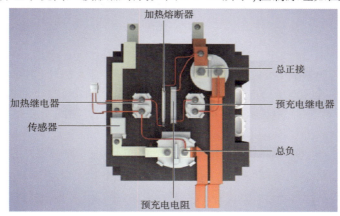

图 2-1-10 动力蓄电池管理系统（BMS）高压接触器结构

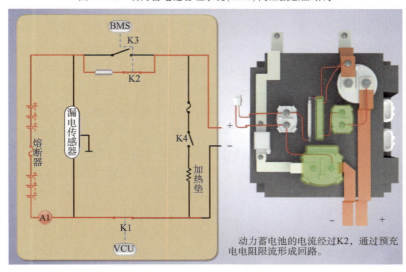

图 2-1-11 动力蓄电池管理系统（BMS）高压接触器控制原理

动力蓄电池管理系统可工作于下电模式、准备模式、放电模式、充电模式和故障模式5种工作模式,控制状态框图如图2-1-12所示。

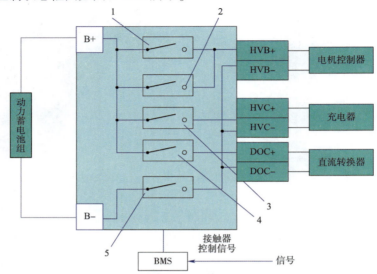

图2-1-12　动力蓄电池管理系统(BMS)工作模式控制框图

1-B＋接触器;2-预充接触器;3-充电器接触器;4-直流转换器接触器;5-B－接触器

(1)下电模式。下电模式是整车系统低压与高压处于不工作状态的模式,也属于省电模式。如图2-1-12所示,在下电模式下,动力蓄电池管理系统控制的所有高压接触器均处于断开状态,低压控制电源处于不供电状态。

(2)准备模式。在准备模式下,系统所有的接触器均处于未吸合状态。在该模式下,系统可接受点火开关、整车控制器(VCU)、电机控制器、充电口开关等部件发出的硬线信号或受CAN报文控制的低压信号,来驱动控制各高压接触器,从而使动力蓄电池管理系统进入所需工作模式。

(3)放电模式。动力蓄电池管理系统监测到点火开关的高压上电信号(Key-ST信号)后,系统首先闭合B-接触器(图2-1-12),由于电机是感性负载,为防止过大的电流冲击,B-接触器闭合后即闭合预充接触器进入预充电状态;当预充接触器两端电压达到母线电压的90%时,立即闭合B＋接触器并断开预充接触器进入放电模式。目前汽车常用低压电源由12V的铅酸蓄电池提供,不仅可为低压控制系统供电,还需为其他低压的车载电器提供电源。为保证低压蓄电池能持续为整车控制系统供电,低压蓄电池需有充电电源,而直流变换器(DC/DC)接触器的开启即可满足这一需求,因此,当动力蓄电池系统处于放电状态时,B＋接触器闭合后即闭合直流转换器接触器,以保证低压电源持续供电。

(4)充电模式。动力蓄电池管理系统检测到充电唤醒信号(Charge Wake Up)时,系统即进入充电模式。在该模式下,B-接触器与车载充电器接触器闭合,同时为保证低压控制电源持续供电,直流转换器接触器仍需处于工作状态。在充电模式下,系统不响应点火开关发出的任何指令,充电口提供的充电唤醒信号可作为充电模式的判定依据。对于磷酸铁锂蓄电池,由于其低温下不具备有很好的充电特性,甚至还伴随有一定的危险性,因此基于安全考虑,还应在系统进入充电模式之前对系统进行一次温度判别。当动力蓄电池温度低于0°C

时,系统进入充电预热模式,此时可通过接通直流转换器接触器对低压蓄电池进行供电,并为预热装置供电以对动力蓄电池组进行预热;当动力蓄电池组内的温度高于0℃时,系统可进入充电模式,即闭合B-接触器。

无论在充电状态还是在放电状态,动力蓄电池的电压不均衡与温度不均衡将极大地妨碍其性能的发挥。在充电状态下,极易出现电压、温度不均衡的状态,充电过程中可通过电压比较及控制电路使得电压较低的单体蓄电池充电电流增大,而让电压较高的蓄电池单元(单体)充电电流减小,进而实现电压均衡的目的。温度的不均匀性会大大降低动力蓄电池组的使用寿命,因此,当蓄电池单元温度传感器监测出各单体蓄电池温度不均衡时,可选择强制风冷的方式,实现动力蓄电池组内气流的循环流动,以达到温度均衡的目标。

(5)故障模式。故障模式是控制系统中常出现的一种状态。由于车用动力蓄电池的使用关系到用户的人身安全,因而系统对于各种相应模式总是采取"安全第一"的原则。动力蓄电池管理系统对于故障的响应还需根据故障等级而定,当故障级别较低时,系统可采取报错或发出报警信号的方式告知驾驶人;而当故障级别较高,甚至伴随有危险时,系统将采取断开高压接触器的控制策略。低压蓄电池是整车控制系统的供电来源,无论是处于充电模式、放电模式还是故障模式,直流变换器接触器的闭合都可使低压蓄电池处于充电模式,从而保证低压控制系统工作正常。

任务实施

(一)工作准备

(1)防护装备:绝缘安全防护装备。
(2)车辆、台架、总成:北汽新能源纯电动汽车、荣威E50纯电动汽车,或其他同类纯电动汽车。
(3)专用工具、设备:无。
(4)手工工具:绝缘拆装组合工具。
(5)辅助材料:警示标识和设备,清洁剂。

(二)实施步骤

1.北汽新能源纯电动汽车动力蓄电池管理系统部件更换

以下以北汽EV160纯电动汽车为例,介绍动力蓄电池管理系统常见的部件更换(拆卸与安装)流程,其他车型请参照相应的维修手册。

1)BMS模块(丛板)更换流程与操作规范

警告:
在处理BMS模块的更换过程中,拆卸时注意螺栓与配件的拆卸,防止掉落在动力蓄电池内部引起短路事故。

(1)将动力蓄电池总成箱体与车身分离。
(2)将动力蓄电池组上盖打开。
(3)确认需更换 BMS 模块的位置(图 2-1-13)。
(4)将所属 BMS 模块的接插件全部拆卸(图 2-1-14)。

图 2-1-13　确认 BMS 模块位置　　　　　　　图 2-1-14　拆卸 BMS 模块接插件

(5)拆卸 BMS 模块本体(图 2-1-15)。
(6)将新 BMS 模块双侧的固定片安装稳固。
①对准 BMS 模块固定片螺纹进行螺栓拧紧操作(图 2-1-16)。

 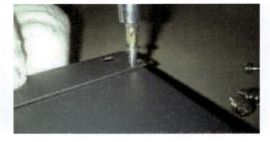

图 2-1-15　拆卸 BMS 模块本体　　　　　　　图 2-1-16　进行固定螺栓的拧紧操作

> 提示：
> BMS 模块双侧固定片必须用专用型号螺栓与模块配套使用。

②固定片安装后准备安装丛板，将 BMS 模块位置摆放正确至螺纹插孔全部对齐(图 2-1-17)。
③检查模块固定螺栓配件是否齐全为标准三件套(图 2-1-18)。

图 2-1-17　将 BMS 模块位置摆放正确　　　　　图 2-1-18　检查固定螺栓配件

提示：

　　螺栓安装先后顺序为：1-弹片（上），2-垫片（下）。

④使用十字螺丝刀对 BMS 模块螺栓进行拧紧（图 2-1-19）。

（7）在原位置安装新 BMS 模块，将接插件安装至 BMS 模块（图 2-1-20）。

图 2-1-19　拧紧 BMS 模块螺栓

图 2-1-20　安装 BMS 模块接插件

 提示：

　　BMS 模块接插件的插口印有插件标号，安装中必须按照插件上的标签内容进行对号接插，同时注意插件对正插口不可错位以防止插针损坏，如图 2-1-21 和图 2-1-22 所示。

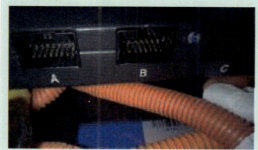

图 2-1-21　BMS 模块插口的编号

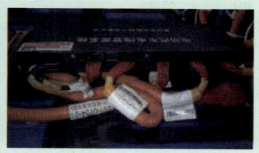

图 2-1-22　对应插口正确安装

（8）再次检查线束接插件是否接插正确，并且无工具或异物遗落箱体内部。
（9）安装上盖并进行密封处理。
（10）将动力蓄电池箱体与车身进行安装。
2）高压继电器（接触器）更换流程与操作规范

 提示：

　　继电器型号务必选用与车型匹配继电器，如：EV200-1618002-7。

（1）将动力蓄电池总成与车身分离，并打开动力蓄电池箱体上盖。

(2)断开继电器电源接插件。
(3)拆下需更换的继电器螺栓。
(4)选用型号匹配的继电器进行安装。
①确定继电器所安装的位置,有对应螺栓插孔(图2-1-23)。
②选取型号匹配的继电器进行安装(图2-1-24)。

图2-1-23　确定继电器所安装的位置　　　　图2-1-24　选取型号匹配的继电器

③选取继电器固定螺栓三件套组件(图2-1-25)。

> 提示:
> 组件安装顺序为:1-弹片(上),2-垫片(下)。

④将继电器对准专属插槽并拧紧螺栓(图2-1-26)。

图2-1-25　选取继电器固定螺栓三件套组件　　　　图2-1-26　拧紧继电器固定螺栓

⑤继电器顶部端子需连接高压电缆、预充电阻、加热继电器等线束、操作时按照实际情况进行线束连接(分"正"与"负")(图2-1-27)。
⑥安装完毕后将绝缘套固定好(图2-1-28)。

图2-1-27　连接继电器相关的线束　　　　图2-1-28　将绝缘套固定好

(5)安装动力蓄电池箱体上盖、密封并将动力蓄电池总成与车身进行安装。

2. 典型车型动力蓄电池管理系统认识

结合荣威 E50、比亚迪 e6 等车型的整车或台架,认识动力蓄电池管理系统的元件位置、控制原理、工作参数和功能。

1)荣威 E50 动力蓄电池管理系统认识

(1)动力蓄电池管理系统布置图

如图 2-1-29 所示的是荣威 E50 纯电动汽车动力蓄电池管理系统相关部件的布置图。

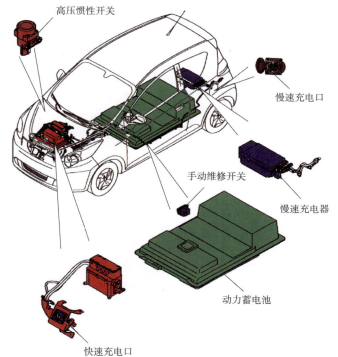

荣威 E50 动力蓄电池管理系统介绍

图 2-1-29　荣威 E50 动力蓄电池管理系统部件布置图

(2)动力蓄电池管理系统控制框图和功能

如图 2-1-30 所示的是荣威 E50 纯电动汽车动力蓄电池管理系统的控制框图。动力蓄电池管理系统功能描述如下:

①具备 4 路独立的 CAN 网络,分别与整车控制器、车载充电器、非车载充电器、内部控制模块通信。

②提供动力蓄电池组的状态给整车控制器,通过不同高压继电器的通断,实现各个高压回路的通断,使其实现充放电管理和动力蓄电池组内部电池单元状态的指示。

③车载充电管理,即交流慢充的管理。

④非车载充电管理,即直流快充(地面高压直流充电桩)的管理。

⑤热管理功能:通过水冷的方式控制动力蓄电池在各种工况下工作在合适的温度范围。

⑥高压安全管理:实现绝缘电阻检测、高压互锁检测、碰撞检测功能,具备故障检测管理

及处理机制。

⑦实现车载和非车载充电器的连接线检测,控制整车的充电状态和充电连接状态灯的指示。

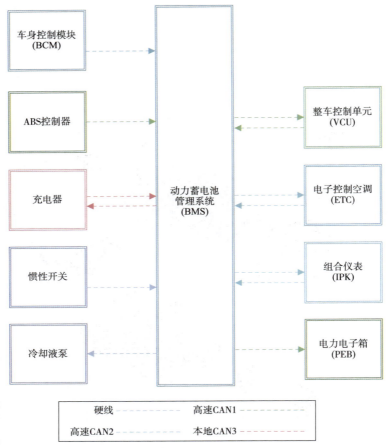

图 2-1-30　荣威 E50 动力蓄电池管理系统控制框图

2)比亚迪 e6 动力蓄电池管理系统认知

(1)功能与安装位置。

比亚迪 e6 采用分布式动力蓄电池管理系统,由 1 个动力蓄电池管理器(BMS 控制模块)和 11 个动力蓄电池信息采集器(BIC)及动力蓄电池采样线组成。

动力蓄电池管理器是监控动力蓄电池组、保证动力蓄电池组正常工作的监控单元,主要目的为了保证每节串联的动力蓄电池的电压、电流等各项性能指标的一致性。由于动力蓄电池的原理像木桶效应,这将对动力蓄电池可靠性提出极高的要求,为了防止过充、过放、过温等一系列影响单节蓄电池性能的问题出现,通过动力蓄电池管理器进行监控,保证单体蓄电池处于正常工作状态下。

动力蓄电池管理器是比亚迪 e6 动力控制部分的核心,负责整车的电力控制并实时监测高压电力系统的用电状态,采取保护措施,保证车辆安全行。其详细功能有充放电管理、接触器控制、功率控制、动力蓄电池异常状态报警和保护、SOC/SOH(剩余电量/寿命)计算、自检以及通信功能等。

动力蓄电池信息采集器的主要功能有动力蓄电池电压采样、温度采样、动力蓄电池均衡、采样线异常检测等。

动力蓄电池采样线的主要功能是连接动力蓄电池管理器和动力蓄电池信息采集器，实现二者之间的通信及信息交换。

比亚迪 e6 动力蓄电池管理器的安装位置如图 2-1-31 所示，其主要通信接口如图 2-1-32 所示。

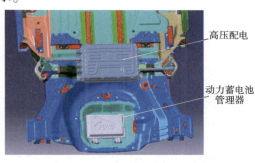

图 2-1-31　动力蓄电池管理器安装在行李舱备胎下方　　图 2-1-32　动力蓄电池管理器主要通信接口线路

（2）动力蓄电池管理系统控制框图。

如图 2-1-33 所示，比亚迪 e6 动力蓄电池管理器连接在车辆的动力及充电 CAN BUS 网络上，并通过专用信号采样线采集动力蓄电池组内每个单体蓄电池的电压、温度信号。此外，还会结合来自整车控制器的指令，通过控制位于高压配电箱内接触器的通断，控制去向电机控制器的高压电接通，以及外部充电功能。

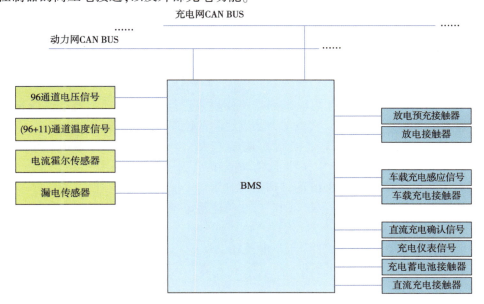

图 2-1-33　动力蓄电池管理系统控制框图

（3）动力蓄电池管理系统的故障检测与自我保护。

动力蓄电池管理系统能够在运行过程中实现对动力蓄电池系统的故障诊断，见表 2-1-2。

动力蓄电池管理系统故障诊断表   表2-1-2

故障状态	动力蓄电池管理系统故障诊断状况
模块温度＞65℃	1级故障：一般高温警告
模块(单体)电压＞3.85V	1级故障：一般高压警告
模块(单体)电压＜2.6V	1级故障：一般低压警告
充电电流＞300A	1级故障：充电过流警告
放电电流＞450A	1级故障：放电过流警告
绝缘电阻＜设定值	1级故障：一般漏电警告
模块温度＞70℃	2级故障：严重高温警告
模块(单体)电压＞4.1V	2级故障：严重高压警告
模块(单体)电压＜2.0V	2级故障：严重低压警告
绝缘电阻＜设定值	2级故障：严重漏电警告

动力蓄电池管理系统也会根据检测到的故障运行自我保护，见表2-1-3。

故障运行自我保护诊断表   表2-1-3

故障类别	整车系统级别的故障响应和处理	动力蓄电池管理系统硬件响应
1级故障	动力蓄电池管理系统发出警告后，整车的其他控制器模块可以根据具体故障内容启动相应的故障处理机制	无
2级故障：温度高		关断直流动力回路
2级故障：电压高		关断直流动力回路
2级故障：电压低		关断直流动力回路
2级故障：严重漏电		不允许放电

学习测试

1. 填空题

（1）动力蓄电池的能量储存与输出都需要模块来进行管理，即动力蓄电池能量管理模块，一般称为动力蓄电池_____，或动力蓄电池能量管理系统，简称_____。

（2）动力蓄电池管理系统主控制功能要包括：_____、动力蓄电池状态计算、_____、安全管理、热管理、_____、通信功能和_____等。

（3）动力蓄电池管理系统BMS的结构组成分为_____和_____。

（4）大部分车型的BMS已经发展到对极端单体蓄电池进行_____、过放电、_____等安全状态管理。

（5）动力蓄电池管理系统可工作于下电模式、_____、放电模式、_____和_____5种工作模式。

2. 判断题

（1）BMS是动力蓄电池保护和管理的核心部件，不仅要保证动力蓄电池安全可靠的使用，而且要充分发挥动力蓄电池的能力和延长使用寿命。　　　　　　　　　（　　）

（2）丰田汽车HV蓄电池总成中的蓄电池模块是通过母线并联连接。　　（　　）

(3)由于动力蓄电池的一致性差异,导致动力蓄电池组工作状态是由最好的蓄电池单体决定的。（ ）

(4)下电模式是整车系统低压与高压处于不工作状态的模式,也属于省电模式。（ ）

(5)比亚迪 e6 动力蓄电池管理器连接在车辆的动力及充电 CAN BUS 网络上（ ）

3. 单项选择题

(1)BMS 需要上报动力蓄电池系统的基本参数及故障信息的模块是(   )。
　　A. PCU　　　　　　B. MCU　　　　　　C. BDU　　　　　　D. VCU

(2)动力蓄电池管理系统中,温度控制的执行器件/系统是(   )。
　　A. 充电器　　　　　B. 电机控制器　　　C. 热管理系统　　　D. 均衡装置

(3)动力蓄电池管理系统 BMS 的硬件包括(   )。
　　A. 控制模块
　　B. 采集电压线、电流、温度等数据的电子器件
　　C. A 和 B 都是
　　D. A 和 B 都不是

(4)下列参数属于动力蓄电池管理系统检测的是(   )。
　　A. 动力蓄电池电压　　　　　　　B. 动力蓄电池温度
　　C. 动力蓄电池输入与输出电流　　D. 以上都是

(5)故障模式是控制系统中常出现的一种状态,系统对于各种相应模式总是采取的原则是(   )。
　　A. 安全第一　　　B. 动力优先　　　C. 速度全第一　　　D. 性价比最优

任务 2　动力蓄电池管理系统检修

一辆北汽新能源 EV160 纯电动汽车出现无法行驶的故障,你的主管初步判断是动力蓄电池管理系统方面的问题,要求你利用诊断仪器进行进一步诊断,你能完成这个任务吗?

● 知识要求

1. 能够描述动力蓄电池管理系统采集参数;

2. 能够描述动力蓄电池管理系统故障症状,并对整车的影响进行分析。

能力要求

1. 能够根据流程与规范进行动力蓄电池管理系统检测;
2. 能够进行动力蓄电池管理系统数据流读取和分析。

素质要求

1. 培养良好的职业道德和工匠精神;
2. 培养安全意识和团队协作精神;
3. 培养自我管理和自主学习能力。

相关知识

1. 动力蓄电池管理系统采集的参数

以下以北汽新能源纯电动汽车为例,介绍动力蓄电池管理系统采集的主要参数,其他车型可以参考。

1) 充电温度与电流

采用车载充电器充电时(慢充),充电温度与充电电流要求见表 2-2-1。

慢充时充电温度与充电电流的关系 表 2-2-1

温度	小于 0℃(加热)	0~55℃	大于 55℃
可充电电流	0A	10A	0A
备注	当单体蓄电池最高电压高于额定电压 0.4V 时,降低充电电流到 5A,当单体蓄电池电压高于额定电压 0.5V 时,充电电流为 0A,请求停止充电		

采用非车载充电器充电时(快充),充电温度与充电电流要求见表 2-2-2。

快充时充电温度与充电电流的关系 表 2-2-2

温度	小于 5℃(加热)	5~15℃	15~45℃	大于 45℃
可充电电流	0A	0A	20A	50A
备注	恒流充电至单体蓄电池电压高于额定电压 0.3V 以后转为恒压充电方式			

2) 充电加热与保温

对于具备加热功能的动力蓄电池,充电加热与保温的要求如下。

(1) 充电加热。

充电加热温度要求见表 2-2-3。

充电加热温度要求 表 2-2-3

充电状态	车载充电器(慢充)	非车载充电器(快充)
温度	小于 0℃(加热)	小于 5℃(加热)

①慢充时,单体蓄电池温度低于 0℃,启动加热模式:闭合加热片,待所有单体蓄电池温度高于 5℃,停止加热,启动充电程序。如果过程中出现单体蓄电池温度差高于 20℃,则间

歇停止加热,待加热片温度差低于15℃后,则重启加热片。

②加热过程中,正常情况下充电桩电流显示为4~6A。

③充电过程中,充电桩电流显示为12~13A。

④如果单体蓄电池电压差大于300mV,则停止充电,报充电故障。

⑤快充时,低于等于5℃,启动加热模式:单体蓄电池温度数据与慢充相同;如果充电过程中最低温度低于等于5℃,则停止充电模式,也不重新启动加热模式。

(2)保温策略。

①充电保温只发生在车载充电完成后。

②充电完成后,若蓄电池温度≤5℃时,进入保温模式;若蓄电池温度>5℃,蓄电池进入静置状态。

③保温策略以保温2h为唯一截止条件。

④保温过程中,若蓄电池温度上升至≥8℃时,蓄电池进入静置状态。

⑤保温过程中,如果蓄电池温差超过20℃,蓄电池进入静置状态直至温差低于10℃,再次启动加热。

3)放电状态具备的条件

动力蓄电池管理系统对动力蓄电池放电的控制,需同时满足以下条件。

(1)动力蓄电池内部条件。

①储电能量>10%(SOC)。

②单体蓄电池温度在-20~45℃。

③单体蓄电池温度差<25℃。

④实际单体蓄电池最低电压不小于额定单体电压0.4V。

⑤单体蓄电池电压差<300mV。

⑥绝缘性能>500Ω/V。

⑦动力蓄电池内部低压供电、通信正常。

⑧动力蓄电池监测系统工作正常(电压、电流、温度、绝缘)。

(2)动力蓄电池外部条件。

①BMS常电供电正常(12V正、负极)。

②点火开关ON信号正常。

③VCU唤醒信号正常。

④CAN线通信正常(新能源CAN线)。

⑤高压线束连接正常。

⑥高压线束及电气设备绝缘性能>500Ω/V。

⑦充电连接确认信号线或充电唤醒信号无短路或断路(即CC、CP、VCU到车载充电器或充电连接线束都正常)。

 提示:

需要特别注意的是,当动力蓄电池报一级故障时无法放电。

4)充电状态具备的条件

动力蓄电池管理系统对动力蓄电池充电的控制,需同时满足以下条件。

(1)车载充电器(慢充)。

①BMS 常电供电正常(12V 正、负极)。

②点火开关 ON 信号正常。

③充电唤醒信号正常。

④CAN 线通信正常(新能源 CAN 线)。

⑤高压线束连接正常。

⑥高压线束及电气设备绝缘性能>500Ω/V。

⑦动力蓄电池温度高于 0℃。

⑧动力蓄电池内部无故障。

(2)非车载充电器(快充)。

①BMS 常电供电正常(12V 正、负极)。

②点火开关 ON 信号正常。

③充电唤醒信号正常。

④CAN 线通信正常(新能源 CAN 线)。

⑤高压线束连接正常。

⑥高压线束及电气设备绝缘性能>500Ω/V。

⑦动力蓄电池温度高于 5℃。

⑧动力蓄电池软件版本与充电桩软件版本匹配。

⑨动力蓄电池与充电桩通信不超时。

⑩动力蓄电池内部无故障。

2.动力蓄电池管理系统故障症状及对整车的影响分析

1)动力蓄电池管理系统故障指示灯

当动力蓄电池管理系统(BMS)出现故障时,组合仪表通常会点亮故障指示(警告)灯,相关的指示灯含义见表2-2-4。

组合仪表动力蓄电池管理系统故障指示灯　　　　表2-2-4

指示灯/警告灯	颜 色	含 义
	黄色	动力蓄电池充电提醒(电量不足报警):当电量低于30%,动力蓄电池充电提醒灯点亮;电量高于35%,动力蓄电池充电提醒灯熄灭
	黄色	动力蓄电池切断:动力蓄电池处于切断状态时常亮
	红色	充电连接:当车辆外接充电枪连接(充电口盖开启)或者正在充电时常亮,此时车辆无法行驶
	红色	动力蓄电池故障:当动力蓄电池发生故障时常亮

续上表

指示灯/警告灯	颜 色	含 义
	红色	动力蓄电池绝缘电阻低：系统检测到动力蓄电池绝缘电阻低时常亮
	红色	动力蓄电池过热报警：系统检测到动力蓄电池过热时常亮

> **提示：**
> 不同车型动力蓄电池管理系统故障指示灯有所不同，请参照相关维修手册及技术资料。

2）动力蓄电池管理系统故障级别分类

根据故障对整车的影响，动力蓄电池管理系统故障划分为三个等级。

（1）一级故障（非常严重）。动力蓄电池上报该故障一段时间后会造成整车出现安全事故，如起火、爆炸、触电等。动力蓄电池在正常工作下不会上报该故障，BMS一旦上报该故障表明动力蓄电池处于严重滥用状态。

（2）二级故障（严重）。动力蓄电池上报该故障会造成整车进入跛行、暂时停止能量回馈、停止充电。动力蓄电池在正常工作下不会上报该故障，BMS一旦上报该故障表明动力蓄电池某些硬件出现故障或动力蓄电池处于非正常工作的条件下。

（3）三级故障（轻微）。动力蓄电池上报该故障对整车无影响或不同程度地造成整车进入限功率行驶状态。动力蓄电池在正常工作状态下可能上报该故障，BMS一旦上报该故障表明动力蓄电池处于极限环境温度下或单体蓄电池一致性出现一定劣化等。

3）动力蓄电池管理系统故障级别的名称和编码

不同级别的故障，有对应的故障名称、故障编码以及对整车的影响。各故障级别中，相同的故障名称，根据故障程度级别不同，以不同故障代码区分。另外，不同批次车辆，相同的故障名称有不同故障编码，以诊断仪显示的编码和解释为准。

（1）一级故障名称和编码对照表。

一级故障名称和编码对照表见表2-2-5。

一级故障名称和编码对照表　　　　　　　　　　表2-2-5

故障名称	故障编码	对整车的影响
单体蓄电池电压欠压	P0004	行车模式：动力蓄电池放电电流降为0，断高压，无法行车；
动力蓄电池外部短路（放电过流）	P0006	车载充电：请求停止充电/停止加热，主正、主负继电器断开；
温度过高	P0007	
动力蓄电池内部短路	P0014	直流快充：BMS发送终止充电，主正、主负继电器断开

(2) 二级故障名称和编码对照表。

二级故障名称和编码对照表见表 2-2-6。

表 2-2-6 二级故障名称和编码对照表

故障名称	故障编码	对整车影响
单体蓄电池电压欠压	P0269	行车模式:限功率至放电电流 25A
BMS 内部通信故障	P0279	行车模式:限功率至放电电流 25A,"最大允许充电电流"调整为 0; 充电模式:发送请求停止充电,如果上报故障后 2s 内未收到响应,BMS 主动断开高压继电器或加热继电器
BMS 硬件故障	P0284	
BMS 与车载充电机通信故障	P0283	车载充电模式:请求停止充电,或请求停止加热,如果上报故障后 2s 内未收到响应,BMS 主动断开高压继电器或加热继电器
温度过高	P0258	行车模式:限功率至放电电流 25A,"最大允许充电电流"调整为 0
绝缘电阻过低	P0276	行车模式:限功率至放电电流 25A,"最大允许充电电流"调整为 0; 充电模式:发送请求停止充电,如果上报故障后 2s 内未收到响应,BMS 主动断开高压继电器或加热继电器
加热元件故障	P0281-1	充电模式:请求停止加热,如果上报故障后 2s 内未收到响应,BMS 主动断开加热继电器

(3) 三级故障名称和编码对照表。

三级故障名称和编码对照表见表 2-2-7。

表 2-2-7 三级故障名称和编码对照表

故障名称	故障代码	对整车影响	恢复条件
温度过高故障	P1043	行车模式:放电功率降为当前状态的 50%	
绝缘电阻过低	P1047	上报不处理	
电压不均衡	P1046	行车模式:放电功率降为当前状态的 40%	重新上电
单体蓄电池电压欠压	P1040		
温度不均衡	P1045	上报不处理	
放电过流	P1042	行车模式:放电功率降为当前状态的 50%	

4) 动力蓄电池管理系统故障级别的区分

可以利用故障诊断仪器读取数据流(图 2-2-1),根据实际数值进一步确定故障级别。例如,以北汽新能源纯电动汽车为例,单体蓄电池温度为 45℃时是三级故障,50℃时是二级故障,55℃时是一级故障(各品牌动力蓄电池数据有差异详见维修资料)。

动力蓄电池管理系统结构原理与检修　项目二

图 2-2-1　北汽新能源纯电动汽车数据流

（一）工作准备

（1）防护装备：常规实训着装。

（2）车辆、台架、总成：北汽新能源纯电动汽车，荣威 E550 混合动力电动汽车，或其他同类新能源车型。

（3）专用工具、设备：北汽新能源动力蓄电池 BMS 系统专用软件，上汽荣威专用故障诊断仪。

（4）手工工具：组合拆装工具。

（5）辅助材料：无。

（二）实施步骤

1. 动力蓄电池管理系统检测流程与规范

以北汽新能源纯电动汽车为例，动力蓄电池管理系统检测必须采用配套厂商（北京普莱德新能源电池科技有限公司）的专用软件，包括 BMS 系统的监控软件、报文采集、上位机刷写程序及测试等。以下介绍"EV03 监控软件使用流程与规范"。

提示：

在动力蓄电池管理系统配套厂家的专用软件中可查看动力蓄电池所有数据信息，包括单体蓄电池的电压、温度、故障详情、版本信息等。

（1）选用装有 BMS 通信软件的电脑（诊断设备）与数据下载设备（CAN 盒）。

(2)打开车辆转向盘下方扣盖,确认整车通信端口位置(图2-2-2)。

(3)将专用数据采集CAN盒(图2-2-3)的H与L两根线束接入整车CAN3通信端口(图2-2-4)H与L端子。

图2-2-2　整车通信端口位置

图2-2-3　专用数据采集CAN盒

💡 提示：

使用通信软件监控数据要用插针连接第二排(图2-2-4中从上往下数)CAN3端子。

(4)将CAN盒连接至电脑。

(5)打开BMS通信监控软件(图2-2-5)。

图2-2-4　连接第二排的CAN3 H与L端子

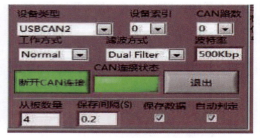

图2-2-5　打开BMS通信监控软件

①确定CAN通道号(需与CAN盒通道号一致)。

②确认选用的波特率是否为数据采集要求的500kbp。

③打开车辆钥匙开关至ON位置后,通电激活BMS主板。点击启动CAN连接按钮,开始数据监控。

④如未成功显示信息,排除通信线束故障外,需重新检查数值调整与针孔连接方面操作是否正确。

⑤软件数据说明如图2-2-6所示。

2. 动力蓄电池管理系统数据流读取和分析

1)动力蓄电池管理系统数据流读取

对于新能源汽车动力蓄电池管理系统的诊断,数据流读取分析是故障诊断的最重要环节之一。

动力蓄电池管理系统结构原理与检修 项目二

图 2-2-6 软件数据说明

1-动力蓄电池 SOC 显示窗口；2-动力蓄电池电流数值显示窗口；3-动力蓄电池总电压数值显示窗口；4-单体蓄电池信息显示窗口（包括单体蓄电池电压、模组温度）；5-动力蓄电池继电器状态提示灯（吸合状态时点亮、断开状态时熄灭）；6-数据信息显示卡（包括每节单体蓄电池信息、高压板状态显示、故障报警详情、BMS 和 BMU 软件版本、参数设置）

2）动力蓄电池管理系统数据流分析

以下以荣威 E550 混合动力电动汽车动力蓄电池管理系统的数据流为例，重点分析动力蓄电池管理系统的温度监控和电压监控。

(1)温度监控数据流。

连接诊断仪器，根据仪器提示操作，进入数据流读取功能，读取温度相关的数据流（图 2-2-7、图 2-2-8、图 2-2-9）。从 3 个图中可以看出每个蓄电池单元的温度数值，控制动力蓄电池散热的冷却风扇相关参数，分析如下：

图 2-2-7 动力蓄电池温度相关的数据流（一）

图 2-2-8 动力蓄电池温度相关的数据流（二）

比亚迪 e6 动力蓄电池管理系统数据流读取

图 2-2-9　动力蓄电池温度相关的数据流（三）

①动力蓄电池模块之间温度相同，说明散热良好而且散热均匀。

②散热风扇为占空比控制的，当前的控制比率为 5%，使用比率低说明当前散热良好。

③冷却液泵控制指令和反馈数值相同，动力蓄电池管理系统 BMS 发出的指令和 BMS 传感器监控得到数值一样，说明冷却液泵工作良好。

（2）电压监控数据流。

连接诊断仪器，根据仪器提示操作，进入数据流读取功能，读取电压相关的数据流（图 2-2-10、图 2-2-11、图 2-2-12）。

图 2-2-10　动力蓄电池电压相关的数据流（一）

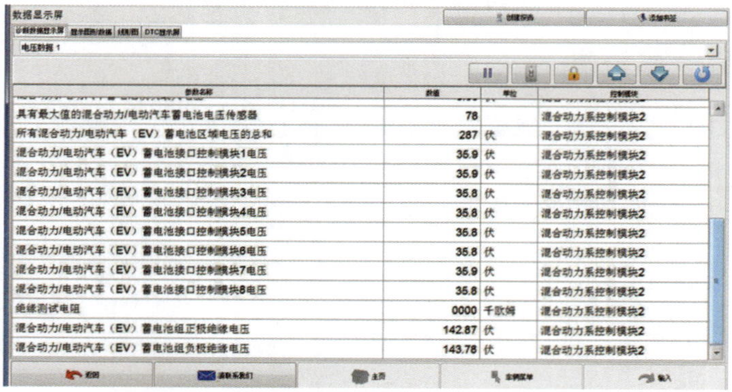

图 2-2-11　动力蓄电池电压相关的数据流（二）

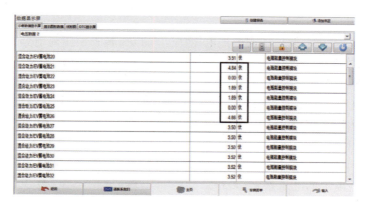

图 2-2-12　动力蓄电池电压相关的数据流(三)

从 3 个图中可以看出每个蓄电池单元的电压数值相关参数,分析如下:

①从图 2-2-10 可以看出,动力蓄电池总电压为 287V,各个蓄电池模块电压相等,正负极绝缘电压相等,系统正常。

②从图 2-2-11 可以看出,动力蓄电池总成和各个蓄电池单元的电压参数,这些数据需要对照维修手册进行判断。

③从图 2-2-12 可以看出,动力蓄电池单元 21-26 的 6 个蓄电池单元电压均异常(与其他蓄电池单元比较),这样就可以有针对性的对此 6 个蓄电池的电路进行分析,然后进行检查排故。

学习测试

1. 填空题

(1)采用车载充电器充电时(慢充),当单体蓄电池最高电压高于额定电压_____时,降低充电电流到 5A,当单体蓄电池电压高于额定电压_____时,充电电流为 0A,请求停止充电。

(2)慢充时,单体蓄电池温度低于 0℃,启动_____模式,待所有单体蓄电池温度高于 5℃,启动_____程序。

(3)根据故障对整车的影响,动力蓄电池管理系统故障划分为_____等级。

(4)不同级别的故障,有对应的_____、_____以及对整车的影响。

(5)将专用数据采集与整车 CAN3 通信端口是_____与_____端子。

2. 判断题

(1)慢充时,如果单体蓄电池温度低于一定数值,BMS 系统会启动加热模式。　(　　)

(2)充电时,如果系统处于加热过程中,正常情况下充电桩电流显示 0A。　(　　)

(3)当动力蓄电池报一级故障时无法放电。　(　　)

(4)当车辆外接充电枪连接或者正在充电时,充电指示灯常亮,此时车辆无法行驶。
　(　　)

(5)动力蓄电池上报三级故障整车无法行驶。　(　　)

3. 单项选择题

(1) 快充时,恒流充电至单体蓄电池电压(　　)以后转为恒压充电方式。
　　A. 低于额定电压 0.3V　　　　　　B. 高于额定电压 0.3V
　　C. 低于额定电压 0.5V　　　　　　D. 高于额定电压 0.5V

(2) 动力蓄电池充电保温策略的唯一截止条件是(　　)。
　　A. 温度达到正常值　　　　　　　B. 保温 1h
　　C. 保温 2h　　　　　　　　　　　D. 系统故障

(3) 以下属于动力蓄电池管理系统对动力蓄电池放电的控制,需满足条件的是(　　)。
　　A. 单体蓄电池的电压差 <300mV　　B. 绝缘性能 >500Ω/V
　　C. 储电能量 >10%　　　　　　　　D. 以上都是

(4) 这个指示灯表示(　　)。
　　A. 动力蓄电池切断　B. 动力蓄电池过热　C. 动力蓄电池亏电　D. 动力蓄电池故障

(5) 动力蓄电池外部发生短路故障,故障级别是(　　)。
　　A. 一级故障　　　　B. 二级故障　　　　C. 三级故障　　　　D. 以上都不是

驱动电机结构原理与检修

本项目主要介绍驱动电机的特点、类型、结构原理与检修,分为 2 个任务学习。
任务 1　驱动电机结构原理认知;
任务 2　驱动电机检修。
通过以上 2 个任务的学习,你可以掌握驱动电机的结构、工作原理、拆装与检测方法。

任务 1　驱动电机结构原理认知

提出任务

　　一辆电动汽车无法高速行驶,你的主管初步诊断结果为驱动电机故障,让你对驱动电机进行检查与更换,你能完成这个任务吗?

任务要求

● 知识要求

1. 能够描述驱动电机的功能;
2. 能够描述驱动电机的类型;
3. 能够描述驱动电机的结构组成和性能特点。

● 能力要求

1. 能够检索资料,总结常见驱动电机的类型和特点;

2. 能够更换驱动电机总成。

素质要求

1. 培养良好的职业道德和工匠精神;
2. 培养安全意识和团队协作精神;
3. 培养自我管理和自主学习能力。

1. 驱动电机的功能

驱动电机是为车辆行驶提供驱动力的电动机。

如图 3-1-1 所示,驱动电机是新能源汽车驱动系统的核心部件之一。驱动电机为整车提供动力,通过电机的正转来实现整车加速、减速;通过电机的反转来实现倒车。在进行能量回收时,例如在下坡、高速滑行以及制动过程中,把动能通过驱动电机转化为电能。

一般来说,纯电动汽车和混合动力电动汽车采用的驱动电机所起的作用都相同,即作为驱动电机车辆的动力使用,也同时作为发电机使用。纯电动汽车的驱动功率唯一的来源是驱动电机,对驱动电机在功率和稳定性上有更高的要求。

如图 3-1-2 所示是北汽新能源纯电动汽车采用的三相永磁同步电机的外观和在车辆上的位置。

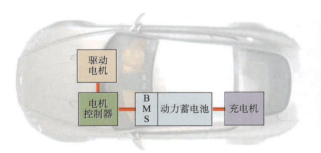

图 3-1-1　新能源汽车驱动系统核心部件

图 3-1-2　驱动电机在车辆上的位置

图 3-1-3　驱动电机的铭牌

驱动电机的功率和转矩关系到汽车的动力性能,输出功率的大小就类似于传统汽车内燃机的输出功率。输出功率越大,车辆行驶的最高车速越高;输出转矩越大,加速性能越好。汽车上的驱动电机都在有限的转矩输出下,设计成高速电机。驱动电机的参数会在铭牌上标识出来,如图 3-1-3 所示是北汽新能源纯电动汽车的驱动电机铭牌。

2. 驱动电机的类型

驱动电机的技术已经日趋成熟，并且产品种类、形式也越来越丰富。应用在新能源汽车（电动汽车）中的驱动电机主要有直流电机、异步电机（三相交流）、永磁同步电机（三相交流）和开关磁阻电机4种形式，见表3-1-1。

典型驱动电机性能特征对比图　　　　　　　　　　　表3-1-1

性能/类型	直流电机	异步电机	永磁同步电机	开关磁阻电机
电源类型	直流	交流	交流	交流或脉动电流
转速范围（r/min）	4000～6000	12000～20000	4000～10000	>15000
功率密度	低	中	高	较高
驱动电机质量	大	中	小	小
驱动电机体积	大	中	小	小
可靠性	一般	好	优良	好
结构坚固性	差	好	好	好
控制器成本	一般	低	高	高

1）直流电机

直流电机是输出或输入为直流电能的旋转电机，它是能实现直流电能和机械能互相转换的电机。如图3-1-4所示为直流电机基本结构示意图，它的固定部分（定子）上，装设了一对直流励磁的静止的主磁极N和S，在旋转部分（转子）上装设电枢铁芯。定子与转子之间有一气隙。在电枢铁芯上放置了由两根导体连成的电枢线圈，线圈的首端和末端分别连到两个圆弧形的铜片上，此铜片称为换向片。换向片之间互相绝缘，由换向片构成的整体称为换向器。换向器固定在转轴上，换向片与转轴之间亦互相绝缘。在换向片上放置着一对固定不动的电刷，当电枢旋转时，电枢线圈通过换向片和电刷与外电路接通。

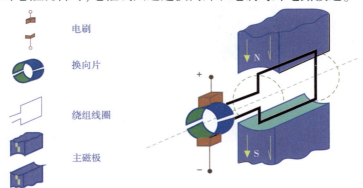

图3-1-4　直流电机基本结构示意图

早期电动汽车上都采用直流电机，但由于存在电刷和机械换向器，不但限制了电机过载能力与速度的进一步提高，而且如果长时间运行，势必要经常维护和更换电刷及换向器。另外，由于损耗存在于转子上，使得散热困难，限制了电机转矩质量比的进一步提高。鉴于直流电机存在以上缺陷，除了极少数的低速电动汽车外，新研制的电动汽车上基本不采用直流电机了。

2）异步电机

异步电机又称感应电机，是由气隙旋转磁场与转子绕组感应电流相互作用产生电磁转矩，从而实现机电能量转换为机械能量的一种交流电机。异步电机的转子是可转动的导体，通常多呈鼠笼状，如图3-1-5所示是异步电机的结构示意图。异步电机的主要特点是转子与定子磁场变化之间存在转速差。异步电机的笼型导体是将棒状的导体排布在圆周上，在端部通过圆环短路。异步电机的内侧为线槽，在其内部缠绕绕组，绕组由U、V、W三组构成三相分布绕组（图3-1-6）。

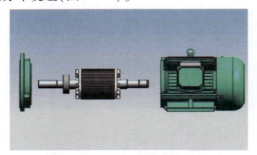

图3-1-5　异步电机的结构示意图

图3-1-6　异步电机绕组

变频调速是电机首先要具备的功能。因为纯电动汽车的车轮由电机和差速器组成的传动机构进行驱动，电机本身的转速范围即可满足车辆的行驶需要，因此，从技术结构来看，变速器不再是整个动力系统的必要装置。但是在变频调速的性能方面，还是对电机提出了较高的要求，而且，倒车时还需要电机能够自如地在正反转状态间切换。异步电机具备变频调速的能力，其效果相当于带有无级变速器的车辆在加速时，发动机转速与车速近似线性的对应关系。

异步电机实现动能回收也更为容易。车辆在滑行或制动时，车轮反拖电机转动，在这个工况下，电机可进行发电并将电能回收到动力蓄电池中，以此延长车辆的续驶里程。

图3-1-7　特斯拉汽车采用的交流异步电机

但是，从体积和质量上来看，异步电机比直流电机小，但比同步电机大。特斯拉汽车是应用异步电机的典型车型。如图3-1-7所示，特斯拉自主研发的三相异步电机，拥有最优的缠绕线性，能极大减少阻力和能量损耗。同时，相对于整车，其电机体积非常小。

3）开关磁阻电机

与其他类型的电机相比，开关磁阻电机的结构和工作原理都有很大的不同。如图3-1-8所示，电动汽车开关磁阻电机的定子和转子均为双凸极结构，依据磁路磁阻最小原理产生电磁转矩，使转子转动。

开关磁阻电机启动转矩大，简单坚固可靠，但噪声大，性价比低。因此在电动汽车上应用较少，主要应用在油田矿井以及航空等领域，其低速重载、价格、适应恶劣工况方面的优势可以体现，同时脉动和振动的影响不大。

4）永磁同步电机

从市场上的应用情况来看，大多数纯电动汽车和混合动力电动汽车使用的电机是三相交流永磁同步电机。以下介绍三相交流永磁同步电机的工作原理。

同步电机是指转子转速与定子旋转磁场转速同步的电机，如图3-1-9所示是三相交流同步电机的结构示意图。

驱动电机结构原理与检修 项目三

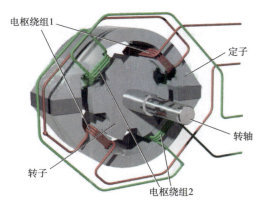

图 3-1-8　开关磁阻电机结构示意图

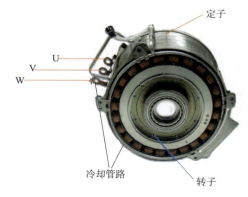

图 3-1-9　三相交流同步电机结构示意图

如图 3-1-10 所示,用于电动汽车驱动的同步电机几乎都为旋转磁极式,转子使用永磁体,与变速驱动单元输出齿轮机构连接,是旋转输出部分。电机定子是缠绕三相线圈的部分,与变速驱动单元壳体固定。转子磁体的 N 极、S 极随定子绕组的旋转磁场磁极的移动而旋转。磁场产生磁通量,电枢完成电能与机械能的转换。

a) 转子

b) 转子

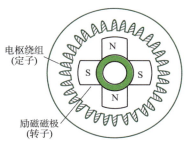

c) 转子定子结构示意图

图 3-1-10　同步电机的定子和转子

驱动电机的工作主要根据驱动电机控制器(逆变器)发出指令执行。控制器将输入的直流电逆变成电压、频率可调的三相交流电,供给配套的三相交流永磁同步电机使用。

3. 驱动电机的结构组成和性能特点

纯电动汽车和混合动力电动汽车驱动电机的功能和结构原理基本相同。如图 3-1-11 所示是纯电动汽车驱动电机(三相交流永磁同步电机)的结构图。

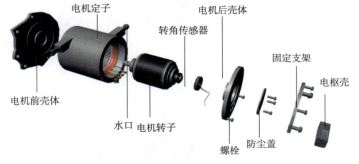

图 3-1-11　纯电动汽车驱动电机的结构图

纯电动汽车驱动电机结构

以下介绍典型的纯电动汽车、混合动力电动汽车驱动电机的结构组成和性能特点。

1）纯电动汽车驱动电机的结构组成和性能特点

（1）比亚迪纯电动汽车的驱动电机。

如图3-1-12所示，比亚迪e5、e6纯电动汽车使用的驱动电机为三相交流永磁同步电机。驱动电机由外圈的定子与内圈的转子组成，是车辆的唯一动力源，可向外输出转矩，驱动汽车前进后退；同时也可以作为发电机发电（例如，在高坡下滑、高速滑行以及制动过程中把势能或者动能通过电机转化为电能存储）。

比亚迪纯电动汽车的驱动电机具有高密度、小型轻量化、高效率、高可靠性、高耐久性及强适应性等特点，驱动电机与单挡变速器组成的动力总成技术参数见表3-1-2。

图3-1-12　比亚迪纯电动汽车驱动电机

比亚迪e5纯电动汽车动力总成技术参数表　　　表3-1-2

动力总成	技术参数
电机最大输出转矩	310N·m(0~4929r/min)
电机额定转矩	160N·m(0~4775r/min)
电机最大输出功率	160kW(4929~12000r/min)
电机额定功率	80kW(4775~12000r/min)
电机最大输出转速	12000r/min
动力总成质量	103kg
总减速比	9.342
变速器润滑油量	1.8L
变速器润滑油类型	齿轮油 SAE 80W-90（冬季环境温度低压-15℃的地区推荐换用 SAE 75W-90）

（2）北汽新能源纯电动汽车的驱动电机。

如图3-1-13所示为北汽新能源纯电动汽车的驱动电机，主要技术参数见表3-1-3。

图3-1-13　北汽新能源纯电动汽车的驱动电机

北汽新能源纯电动汽车驱动电机主要技术参数　　　　　表 3-1-3

项　目	参　数	项　目	参　数
类型	三相交流异步电机	峰值功率	45kW
基速	2870r/min	额定转矩	80N·m
转速范围	0～8000r/min	峰值转矩	150N·m
额定功率	20kW	质量	75kg

2）混合动力电动汽车驱动电机的结构组成和性能特点

以丰田混合动力电动汽车的变速驱动单元（驱动桥）为例。

（1）结构特点。

丰田混合动力电动汽车变速驱动桥由发电机 MG1、驱动电机 MG2 和行星齿轮组成（图 3-1-14）。其中，MG1、MG2 定子绕组采用三相 Y 形连接，每相由 4 个绕组并联，可以在给电机输入较大电流时，获得最大转矩和最小转矩脉动。此外，MG1、MG2 均采用永磁体转子，安装在转子铁芯内部。转子内的永磁铁呈"V"型，这样永磁体既有径向充磁，又有横向充磁，有效集中了磁通量，提高电机的转矩（图 3-1-15）。

 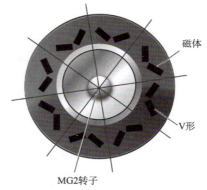

图 3-1-14　丰田混合动力电动汽车驱动桥与驱动电机　　图 3-1-15　驱动电机转子永磁体结构形式

由于丰田混合动力电动汽车的驱动电机与发动机并列布置在车辆上，因此对驱动电机的小型化要求十分严格，实现了混合动力系统所要求的电机性能，也就是已经实现小型化、低损耗以及小型化所带来的冷却与绝缘性能改善。如图 3-1-16 是丰田混合动力电动汽车驱动电机的外形图。

（2）冷却润滑性能特点。

丰田混合动力电动汽车变速驱动桥利用变速器内部齿轮润滑的自动变速器油（Automatic Transmission Fluid，ATF）实现绕组的冷却，将驱动电机的热量传导到壳体上。

图 3-1-16　丰田混合动力电动汽车驱动电机外形

如图 3-1-17 所示，ATF 存留于变速器的最低位置（油箱），通过差速齿轮与塔轮的旋转，将 ATF 从油箱搅起，临时储存于位于上部的 ATF 采集箱中，ATF 受重力作用填充到定子与壳体之间的间隙中，实现定子到壳体的热传递。ATF 吸收绕组端部的热量，将其传递到油箱，再传递到壳体。

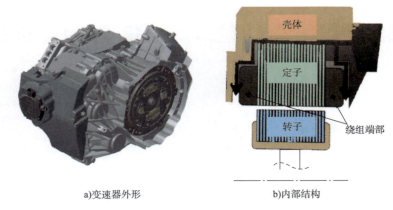

a)变速器外形　　　　　　　　b)内部结构

图 3-1-17　丰田混合动力电动汽车驱动电机润滑冷却系统示意图

(3)绝缘性能特点。

丰田混合动力电动汽车将驱动电机的电源电压从 500V 提高到 650V 之后,逆变器开关切换时电机受到的冲击电压也提高了近 30%。最容易受切换冲击影响的是三相绕组 U、V、W 间的各个相之间绝缘性与对地绝缘性。为了确保其绝缘性能,如图 3-1-18 所示,增加插入相间绝缘纸的工序并努力实现其自动化操作,提高耐冲击性能。此外,考虑各绕组的电压分配,对绕组连接方式进行研究,降低相邻绕组之间的电动势,提高耐冲击性能。

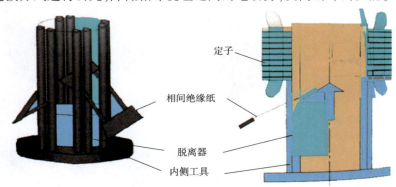

图 3-1-18　驱动电机绝缘性能示意图

(一)工作准备

(1)防护装备:绝缘防护装备。

(2)车辆、台架、总成:驱动电机挂图、模型,荣威 E50、北汽 EV160 或其他纯电动汽车。

(3)专用工具、设备:举升机,起吊机,故障诊断仪。

(4)手工工具:绝缘拆装组合工具。

(5)辅助材料:警示标识和设备,清洁剂,电机冷却液。

（二）实施步骤

本操作任务主要完成驱动电机类型的认知，以及对更换驱动电机总成。

1. 驱动电机类型认知

参观实训室中的驱动电机挂图、模型；检索资料，或网上搜索或走访周边汽车销售店，了解并归纳常见驱动电机的类型和特点。

 提示：

选择具有代表性的北汽新能源、荣威 E50、比亚迪纯电动汽车，特斯拉纯电动汽车，以及丰田混合动力电动汽车、比亚迪混合动力电动汽车的驱动电机。

2. 荣威 E50 驱动电机总成更换

以下以上汽荣威 E50 纯电动汽车为例，介绍驱动电机总成的更换（拆卸与安装）步骤，其他车型请参照相应的维修手册。

⚠️ 警告：

（1）禁止未参加该车型高压系统知识培训的维修人员拆解高压系统[包括手动维修开关、高压动力蓄电池、驱动电机、电力电子箱（PEB）、高压配电单元、高压线束、电动空调压缩机、交流充电口和交流充电线、快速充电口、电加热器、慢速充电器]。

（2）当拆解或装配高压配件时，必须断开 12V 电源和高压动力蓄电池上的手动维修开关。

（3）在进行高压相关操作前维修人员必须穿戴好安全防护装备：戴好绝缘手套，穿好高压绝缘鞋。在戴绝缘手套前，必须要检查绝缘手套是否有破损的地方，要确保手套无绝缘失效。

 注意：

在安装和拆卸的过程中，应防止制动液、洗涤液、冷却液等液体进入或飞溅到高压部件上。

⚠️ 警告：

溢出的蒸气或冷却液会造成诸如烫伤之类的伤害，所以当冷却系统还热时，不要打开膨胀箱盖。

1) 驱动电机控制器总成拆卸

(1) 打开主驾驶室车门,铺设脚垫,套上转向盘套、座椅套。

(2) 关闭点火开关,拔出车辆钥匙。

> ⚠ **警告:**
>
> 正常情况下,在点火开关关闭后,高压系统还存在高压电,这是因为电机控制器中高压电容的存在造成的,需要经过一段时间的等待,高压电容中的电能才能被完全释放。

(3) 打开前机舱盖,固定支架、铺设翼子板布。

(4) 用 10mm 套筒松开低压蓄电池负极螺栓,断开蓄电池负极线,并固定好蓄电池负极线,使用绝缘胶带包裹,防止工作时负极线与蓄电池重新连接。

(5) 打开驱动电机冷却液膨胀箱盖(图3-1-19)。

(6) 拆卸车辆底部导流板(图3-1-20)。

荣威 E50 驱动电机控制器的拆卸步骤

图 3-1-19　打开驱动电机冷却液膨胀箱盖

图 3-1-20　拆卸车辆底部导流板

(7) 断开散热器软管到水泵上的卡箍(图3-1-21)。

(8) 慢慢拔出软管,排空冷却液(图3-1-22)。

图 3-1-21　断开散热器软管到水泵上的卡箍

图 3-1-22　排空冷却液

(9) 拆卸手动维修开关盖板,检查并佩戴绝缘手套,拆下维修开关。

(10) 打开电力电子箱(Power Electronic Box,PEB,即驱动电机控制器)线束的保护盖(图3-1-23)。

(11) 用 13mm 套筒拆下固定到 PEB 上的两个螺母,并断开 PEB 低压连接器(图3-1-24)。

图 3-1-23　打开线束保护盖

图 3-1-24　断开 PEB 低压连接器

（12）用 T30 套筒对角拆下 PEB 上的 7 个螺栓（图 3-1-25）。

（13）用一字螺丝刀轻轻翘起 PEB 盖板，并取下 PEB 盖板（图 3-1-26）。

图 3-1-25　拆下 PEB 上的 7 个螺栓

图 3-1-26　取下 PEB 盖板

（14）用万用表直流电压挡测量高压线束端子间电压（图 3-1-27）。

（15）用万用表直流电压挡测量高压线束端子与搭铁之间电压（图 3-1-28）。

图 3-1-27　测量高压线束端子间电压

图 3-1-28　测量高压线束端子与搭铁之间电压

（16）用万用表交流电压挡测量 U/V/W 三相线束端子间电压（图 3-1-29）。

（17）用万用表交流电压挡测量 U/V/W 三相线束端子与搭铁之间电压（图 3-1-30）

图 3-1-29　测量 U/V/W 三相线束端子间电压

图 3-1-30　测量 U/V/W 三相线束端子与搭铁之间电压

> ⚠ **警告：**
> 在进行电压测量时必须佩戴绝缘手套，并且一定要确保测量每个端子间的电压，确保每组电压值为 0～3V 以下才可以继续拆解。

(18) 用 10mm 长套筒拆下 3 根驱动电机线束螺栓（图 3-1-31）。

(19) 使用记号笔在线束上做好标记（图 3-1-32）。

图 3-1-31　拆下 3 根驱动电机线束螺栓

图 3-1-32　使用记号笔在线束上做好标记

(20) 取下驱动电机线束固定到 PEB 外壳上的 6 根螺栓（图 3-1-33）。

(21) 分别拔出 W/V/U 线束（图 3-1-34）。

图 3-1-33　取下驱动电机固定到 PEB 外壳上的螺栓

图 3-1-34　分别拔出 W/V/U 线束

(22) 拆下 2 根 PEB 高压线束固定螺栓（图 3-1-35）。

(23) 使用记号笔在线束上做好标记（图 3-1-36）。

图 3-1-35　拆下 PEB 高压线束固定螺栓

图 3-1-36　使用记号笔在线束上做好标记

(24) 拆下 PEB 高压线束固定在 PEB 外壳上的 4 根螺栓（图 3-1-37）。

(25) 松开固定 PEB 的 4 根螺栓（图 3-1-38）。

图 3-1-37 拆下 PEB 高压线束固定在 PEB 外壳上螺栓

图 3-1-38 松开固定 PEB 的螺栓

（26）分别松开水泵到 PEB、PEB 到电机冷却液软管上的卡箍，并断开软管（图 3-1-39）。
（27）取出 PEB（驱动电机控制器）总成（图 3-1-40）。

图 3-1-39 断开冷却液 PEB 软管

图 3-1-40 取出驱动电机控制器总成

2）前保险杠总成拆卸
（1）拆下前保险杠塑料盖板的 4 个开尾销（图 3-1-41）。
（2）拆下内侧的两个开尾销（图 3-1-42）。

图 3-1-41 拆下前保险杠塑料盖板的 4 个开尾销

图 3-1-42 拆下内侧的两个开尾销

（3）取下前保险杠塑料盖板（图 3-1-43）。
（4）拉开扣手，打开快速充电口，用 10mm 套筒拆下快速充电口小门上的螺栓（图 3-1-44）。

图 3-1-43 取下前保险杠塑料盖板

图 3-1-44 拆下快速充电口小门上的螺栓

(5)取下快速充电口保护盖(图3-1-45)。
(6)拆下2个开尾销(图3-1-46)。

图3-1-45 取下快速充电口保护盖

图3-1-46 拆下2个开尾销

(7)用10mm套筒拆下拉索固定螺栓(图3-1-47)。
(8)取下快速充电小门总成(图3-1-48)。

图3-1-47 拆下拉索固定螺栓

图3-1-48 取下快速充电小门总成

(9)拆下前轮罩连接的4个螺钉(图3-1-49)。
(10)拆下前保险杠固定到车身底部的5个开尾销(图3-1-50)。

图3-1-49 拆下前轮罩连接的螺钉

图3-1-50 拆下前保险杠固定到车身底部的开尾销

(11)断开左前、右前雾灯连接器(图3-1-51)。
(12)断开碰撞传感器连接器(图3-1-52)。

图3-1-51 断开前雾灯连接器

图3-1-52 断开碰撞传感器连接器

（13）拆下前保险杠固定在横梁上的 4 根螺栓（图 3-1-53）。

（14）拆下车轮侧连接螺钉（图 3-1-54）。

图 3-1-53　拆下前保险杠固定在横梁上的螺栓

图 3-1-54　拆下车轮侧连接螺钉

（15）拆下前保险杠（图 3-1-55）。

3）高压配电单元拆卸

（1）用 7mm 套筒对角拆下高压配电单元（BDU）上盖的 6 根螺栓，然后取下高压配电单元上盖（图 3-1-56）。

图 3-1-55　拆下前保险杠

图 3-1-56　拆下高压配电单元上盖的螺栓

（2）用 10mm 套筒拆下高压配电单元线束的固定螺栓（图 3-1-57）。

（3）使用记号笔在壳体及线束端做好标记（图 3-1-58）。

图 3-1-57　拆下高压配电单元线束的固定螺栓

图 3-1-58　使用记号笔在壳体及线束端做好标记

（4）拔出高压配电单元 3 根高压线（图 3-1-59）。

（5）断开左侧高压互锁连接器（图 3-1-60）。

（6）断开电动空调压缩机线束连接器锁止开关，然后断开连接器（图 3-1-61）。

（7）断开右侧高压互锁连接器（图 3-1-62）。

（8）断开加热器线束连接器锁止开关，然后断开加热器线束连接器（图 3-1-63）所示。

（9）用 8mm 套筒拆下固定快速充电口支架螺栓（图 3-1-64）。

图 3-1-59　拔出高压配电单元高压线

图 3-1-60　断开左侧高压互锁连接器

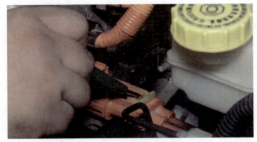

图 3-1-61　断开空调压缩机线束连接器

图 3-1-62　断开右侧高压互锁连接器

图 3-1-63　断开加热器线束连接器

图 3-1-64　拆下固定快速充电口支架螺栓

（10）用 10mm 套筒拆下快速充电口 2 个螺母（图 3-1-65）。

（11）拆下快速充电口低压连接器（图 3-1-66）。

图 3-1-65　拆下快速充电口螺母

图 3-1-66　拆下快速充电口低压连接器

（12）用 10mm 套筒拆下快速充电口固定到水箱横梁上的 2 根螺栓（图 3-1-67）。

（13）拆下快速充电口底部螺栓，将快速充电口支架与水箱横梁分离（图 3-1-68）。

（14）断开快速充电口线束的卡扣和扎带（图 3-1-69）。

（15）拆下快速充电口固定的搭铁线螺栓（图 3-1-70）。

图 3-1-67　拆下快速充电口固定到水箱横梁上的螺栓　　　图 3-1-68　拆下快速充电口底部螺栓

图 3-1-69　断开快速充电口线束的卡扣和扎带　　　图 3-1-70　拆下快速充电口固定搭铁线螺栓

(16) 抽出快速充电口搭铁线 (图 3-1-71)。

(17) 拆下高压配电单元上的电机线固定卡钉 (图 3-1-72)。

图 3-1-71　抽出快速充电口搭铁线　　　图 3-1-72　拆下高压配电单元上线束固定卡钉

(18) 对角拆下高压配电单元总成固定螺栓 (图 3-1-73)。

(19) 取出高压配电单元 (图 3-1-74)。

图 3-1-73　拆下高压配电单元总成固定螺栓　　　图 3-1-74　取出高压配电单元

4) 电机相关附件及电机总成拆卸

(1) 用 8mm 长套筒拆下冷却液膨胀水箱固定螺栓 (图 3-1-75)。

(2) 用 14mm 套筒拆下高压配电单元托盘螺栓,然后取出托盘(图 3-1-76)。

图 3-1-75　拆下冷却液膨胀水箱固定螺栓

图 3-1-76　拆下高压配电单元托盘螺栓

(3) 用 10mm 长套筒拆下熔断丝盒的正极螺栓及固定螺栓,拨开熔断丝盒固定卡子,拔出 6 个连接器,取出熔断丝盒总成(图 3-1-77)。

(4) 使用 8mm 长套筒拆下熔断丝盒底座螺栓,取出熔断丝盒底座(图 3-1-78)。

图 3-1-77　取出熔断丝盒总成

图 3-1-78　取出熔断丝盒底座

(5) 使用绝缘胶带将低压正极线束金属部分包裹(图 3-1-79)。

(6) 使用 8mm 套筒拆下驱动电机线支架螺栓,取出线束支架(图 3-1-80)。

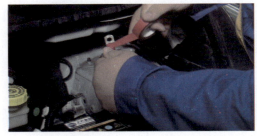

图 3-1-79　使用绝缘胶带将低压正极线束金属部分包裹

图 3-1-80　拆下驱动电机线支架螺栓

(7) 拆下冷却液膨胀箱(图 3-1-81)。

(8) 用 13mm 套筒拆下横梁两侧固定螺栓(图 3-1-82)。

图 3-1-81　拆下冷却液膨胀箱

图 3-1-82　拆下横梁两侧固定螺栓

(9)取出低压蓄电池,拆下蓄电池底部支架固定螺栓(图3-1-83)。
(10)取出蓄电池盒支架(图3-1-84)。

图3-1-83　拆下蓄电池底部支架固定螺栓　　　　　图3-1-84　取出蓄电池盒支架

(11)拆下并取出前机舱横梁(图3-1-85)。
(12)拆下两根螺栓,从减速器上断开换挡操纵机构拉锁(图3-1-86)。

图3-1-85　取出前机舱横梁　　　　　图3-1-86　从减速器上断开换挡操纵机构拉锁

(13)松开卡箍,从电机上断开散热器到电机软管的连接(图3-1-87)。
(14)从电机上拆下蓄电池负极搭铁线电缆(图3-1-88)。

图3-1-87　从电机上断开散热器到电机软管的连接　　　　　图3-1-88　从电机上拆下负极搭铁线电缆

(15)断开电机旋变线束连接器(图3-1-89)。
(16)拆下将驱动电机固定到减速器上的4根螺栓(图3-1-90)。

图3-1-89　断开电机旋变线束连接器　　　　　图3-1-90　拆下将电机固定到减速器上的螺栓

(17) 安装起吊机的吊环(图 3-1-91)。
(18) 将锁链与起吊机相连(图 3-1-92)。

图 3-1-91　安装起吊机的吊环　　　　　　　图 3-1-92　将锁链与起吊机相连

(19) 拆下将电机固定到减速器上的 2 根螺栓(图 3-1-93)。
(20) 用 15mm 套筒拆下固定在车架上的电机机爪螺栓(图 3-1-94)。

图 3-1-93　拆下将电机固定到减速器上的螺栓　　　图 3-1-94　拆下固定在车架上的电机机爪螺栓

(21) 用 16mm 套筒拆下电机机爪固定在电机上的螺栓(图 3-1-95)。
(22) 取出电机机爪(图 3-1-96)。

图 3-1-95　拆下电机机爪固定在电机上的螺栓　　　图 3-1-96　取出电机机爪

(23) 清理电机周围线路及管路,慢慢将电机吊出机舱(图 3-1-97)。

图 3-1-97　将驱动电机吊出机舱

5）驱动电机总成安装

> ⚠ **警告：**
> 在高压系统中的高压动力蓄电池、电驱动变速器、电力电子箱、高压线束、电动空调压缩机、车载充电器、交流充电口和交流充电线全部安装（包括所有连接器的连接）完成之前，必须确保蓄电池的负极电缆始终处于断开状态，手动维修开关处于断开位置。

（1）用起吊机将驱动电机慢慢吊入机舱，并安装固定螺栓（图3-1-98）。
（2）按拆卸的相反顺序，安装驱动电机相关的线束及附件（图3-1-99）

图3-1-98　用起吊机将驱动电机慢慢吊入机舱

图3-1-99　安装驱动电机相关的线束及附件

（3）按拆卸的相反顺序，安装高压配电单元（图3-1-100）。
（4）按拆卸的相反顺序，安装前保险杠总成（图3-1-101）。

图3-1-100　安装高压配电单元

图3-1-101　安装前保险杠总成

（5）按拆卸的相反顺序，安装驱动电机控制器总成（图3-1-102）。
（6）安装底部导流板。
（7）安装手动维修开关。
（8）连接并紧固蓄电池负极电缆。
（9）加注驱动电机冷却液至上限位置。
（10）安装驱动电机冷却液膨胀水箱盖（图3-1-103）。

图3-1-102　安装驱动电机控制器总成

图3-1-103　安装驱动电机冷却液膨胀水箱盖

> **注意:**
> ①驱动电机冷却液规格:浓度50%,容量1.275L。
> ②加注冷却液,直到冷却液达到驱动电机膨胀水箱颈部并保持静止。
> ③连接诊断仪让水泵运转20~30min,直到膨胀水箱中没有气泡冒出,液面不再下降。
> ④关闭水泵,并断开诊断仪。
> ⑤如需要,将冷却液加至MAX和MIN之间,并拧紧驱动电机膨胀水箱盖。
> ⑥检查系统有无泄漏。
> ⑦装上底部导流板。

学习测试

1. 填空题

(1)驱动电机是_____的电动机。

(2)应用在新能源汽车(电动汽车)中的驱动电机主要有直流电机、_____、_____和_____电机4种形式。

(3)用于电动汽车驱动的同步电机几乎都为_____磁极式,转子使用_____。

(4)丰田混合动力电动汽车变速驱动桥由_____、_____和行星齿轮组成。

(5)在安装和拆卸电机的过程中,应防止制动液、洗涤液、_____等液体进入或飞溅到_____上。

2. 判断题

(1)纯电动汽车通过电机的反转来实现倒车。　　　　　　　　　　　　(　　)

(2)纯电动汽车和混合动力电动汽车驱动电机的功能和结构原理区别较大。(　　)

(3)直流电机结构简单,因此广泛应用在纯电动汽车及混合动力电动汽车上。(　　)

(4)比亚迪纯电动汽车采用的变速器润滑油是自动变速器润滑油(ATF)。(　　)

(5)拆卸上汽荣威E50电机时,需要先拆卸驱动电机控制器及高压配电单元等部件。
　　　　　　　　　　　　　　　　　　　　　　　　　　　　　　　　(　　)

3. 单项选择题

(1)从市场上的应用情况来看,大多数纯电动汽车和混合动力电动汽车使用的电机是(　　)。

　　A.直流电机　　　　　　　　　　　B.异步电机
　　C.永磁同步电机　　　　　　　　　D.开关磁阻电机

(2)三相交流电机的绕组由(　　)组成。

　　A.A、B、C　　　B.U、V、W　　　C.U、K、W　　　D.S、M、N

(3)以下属于三相交流永磁同步电机结构的是(　　)。

A. 电机转子和定子 　　　　　　B. 电机前后壳体
　　C. 转角(旋变传感器) 　　　　　D. 以上都是

(4) 纯电动汽车采用的变速器润滑油是(　　)。
　　A. 自动变速器油 　　　　　　　B. 齿轮油
　　C. 发动机润滑油 　　　　　　　D. 专用的绝缘润滑油

(5) 荣威 E50 驱动电机拆卸和安装时需要(　　)。
　　A. 断开低压蓄电池 　　　　　　B. 断开维修开关
　　C. 采用起吊机等设备 　　　　　D. 以上都是

任务 2　驱动电机检修

提出任务

　　一辆纯电动汽车,仪表出现驱动电机过热的故障警告灯,你的主管要求你进行检修,你能完成这个任务吗?

任务要求

知识要求

1. 能够描述驱动电机与控制器冷却系统的结构原理;
2. 能够描述驱动电机的性能参数与检测方法。

能力要求

1. 能进行驱动电机与控制器冷却系统部件的更换;
2. 能进行驱动电机部件的检测;
3. 能进行驱动电机性能的检测。

素质要求

1. 培养良好的职业道德和工匠精神;
2. 培养安全意识和团队协作精神;
3. 培养自我管理和自主学习能力。

相关知识

1. 驱动电机与控制器冷却系统的结构原理

1）驱动电机与控制器冷却系统的作用

新能源（电动）汽车的驱动电机在驱动车辆与回收能量的工作过程中，运动部件和绕组会产生大量的热量，需要有效的冷却介质及冷却方式带走热量，保证电机在一个稳定的、冷热循环平衡的通风系统中安全可靠运行。对于采用永磁同步电机的电动汽车，由于车辆在大负荷低速运行时，极容易使电机产生高温。在高温状态下很容易导致永磁转子产生退磁现象，因此需要借助冷却系统对电机的温度进行控制。电机冷却系统设计的好坏将直接影响电机的安全运行和使用寿命。

另外，驱动电机控制器（逆变器）在工作过程中也会产生大量的热，影响其工作性能，因此同样需要借助电机冷却系统进行冷却。

驱动电机与控制器冷却系统主要依靠电动冷却液泵带动冷却液在冷却管道中循环流动，通过散热器的热交换等物理过程，冷却液带走电机与控制器产生的热量。为使散热器热量散发更充分，通常还在散热器后方设置风扇。如图3-2-1所示是驱动电机与控制器水冷型冷却系统的主要结构组成。

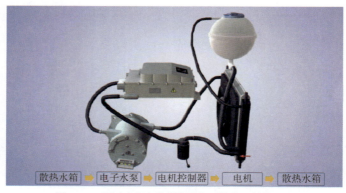

驱动电机与控制器
冷却系统主要构成

图3-2-1　驱动电机与控制器冷却系统主要结构组成

2）驱动电机的散热类型

驱动电机在进行能量转换时，会有一小部分损耗转变成热量，必须通过电机外壳和周围介质不断将热量散发出去，这个散发热量的过程称为冷却。驱动电机主要冷却方式有自然冷却、风冷和水冷（图3-2-2）。

（1）自然冷却。

自然冷却依靠电机铁芯自身的热传递，散去电机产生的热量，热量通过封闭的机壳表面传递给周围介质，其散热面积为机壳的表面，为增加散热面积，机壳表面可加冷却筋（图3-2-3）。

自然冷却结构简单，不需要辅助设施就能实现，但自然冷却效率差，仅适用于转速低、负载转矩小、电机发热量较小的小型电机。

图 3-2-2　电机主要冷却方式

图 3-2-3　自然冷却的电机机壳

（2）风冷。

风冷是电机自带同轴风扇来形成内风路循环或外风路循环，通过风扇产生足够的风量，带走电机所产生的热量（图 3-2-4）。介质为电机周围的空气，空气直接送入电机内，吸收热量后向周围环境排出。

风冷具有的优点是：冷却效果好；采用循环空气冷却器避免腐蚀物和磨粒，有利于提高电机的使用寿命；结构相对简单，电机冷却成本较低。风冷的缺点是受环境因素的制约，在恶劣的工作环境中（例如高温、粉尘、污垢和恶劣的天气下）无法使用风冷。风冷常用于一般清洁、无腐蚀、无爆炸环境下的电机。

（3）水冷。

水冷是将水通过管道和通路引入电机定子或转子空心导体内部，通过循环水不断的流动，带走电机转子和定子产生的热量，达到对电机的冷却作用（图 3-2-5）。

图 3-2-4　风冷型电机

图 3-2-5　水冷型电机

水冷的冷却效果比风冷更显著，无热量散发到环境中。但是，水冷系统需要良好的机械密封装置，水循环系统结构复杂，存在渗漏隐患，如果发生水渗漏，会造成电机绝缘破坏，可能烧毁电机；水质需要处理，其电导率、硬度和 pH 值都有一定的要求。

水冷电机主要应用于大型机组，以及高温、粉尘、污垢等环境恶劣无法使用自然冷却、风冷型电机的场合，例如纺织、冶金、造纸等行业使用的电机。

3）常见新能源汽车驱动电机与控制器冷却系统的结构原理

（1）荣威 E50 驱动电机与控制器冷却系统。

以下介绍荣威 E50 的 PEB（电力电子箱）/驱动电机冷却系统结构原理。

①PEB/驱动电机冷却系统组件(图3-2-6)。

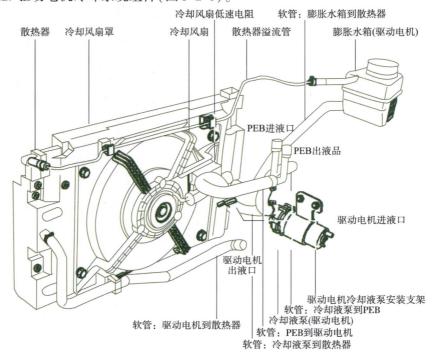

图3-2-6 PEB/驱动电机冷却系统组件

a.冷却液泵。PEB/驱动电机冷却液泵通过安装支架,并由2个螺栓固定在前右纵梁上,经由其运转来循环传动系统。

> 💡提示:
>
> 荣威E50整个冷却系统有2个电子冷却液泵,分别是PEB/驱动电机冷却液泵和动力蓄电池冷却液泵。

b.冷却液软管。PEB/驱动电机冷却系统的软管布置在前机舱内。橡胶冷却液软管在各组件间传送冷却液,弹簧卡箍将软管固定到各组件上。

c.膨胀水箱。PEB/驱动电机冷却系统配有卸压阀的注塑冷却液膨胀水箱,PEB/驱动电机冷却系统膨胀水箱安装在右纵梁右悬架前部,溢流管连接到散热器左水室顶部,出液管连接到PEB/驱动电机冷却液泵上。

d.散热器和冷却风扇。散热器都是一个两端带有注塑水箱的铝制横流式散热器。散热器的下部位于紧固在前纵梁的支架所支承的橡胶衬套内。散热器的顶部位于水箱上横梁支架所支承的橡胶衬套内,支承了冷却风扇总成与空调(A/C)冷凝器。空调(A/C)冷凝器安装在散热器后部,由4个螺栓固定至冷却风扇罩上。冷却风扇和驱动电机总成及风扇低速电阻安装在空调(A/C)冷凝器后部的风扇罩上。

e.冷却液温度(ECT)传感器。ECT传感器安装在散热器右侧前部,内含一个封装的负温度系数(NTC)热敏电阻,该电阻与PEB/驱动电机冷却系统冷却液相接触,是分压器电路的一部分。该电路由额定的5V电源、一个PEB控制模块内部电阻和一个温度相关的可变电阻(ECT传感器)组成。

②驱动电机与控制器冷却液循环路线(图3-2-7)。

冷却系统利用传导原理,将热量从PEB/驱动电机组件传递到冷却液中,再从PEB/驱动电机组件传递到散热器上,通过冷却风扇吹动气流,将热量传递到大气中。当系统处于较低温度时,冷却液泵不工作。当温度上升后,冷却液泵工作,冷却液经过软管流入散热器内,散热器将热量散发到空气中,使PEB/驱动电机组件保持在最佳的工作温度。

由热膨胀所产生的多余冷却液经过散热器顶部的溢流管返回到膨胀水箱中。膨胀水箱同时消除冷却液中的气体。膨胀水箱有个出液管连接到冷却液回路中,当循环冷却系统中冷却液冷却收缩或循环冷却系统中冷却液不足时,膨胀水箱中的冷却液会及时补充到循环系统中。

图3-2-7 PEB/驱动电机冷却系统冷却液循环路线图

额定压力为140kPa的膨胀水箱盖将冷却系统与外界大气隔开,因而随着温度的升高冷却液膨胀,使冷却系统的压力随之升高。压力的升高增加了冷却液的沸点,可使PEB/驱动电机组件在更高、更有效的工作温度下运转,而没有冷却液沸腾的风险。冷却系统的增压有极限,因此膨胀水箱盖上安装了卸压阀。这样在达到最大工作压力时,可释放冷却系统中过度的压力。

冷却液从右侧上部水室到左侧底部水室流经散热器,由经过芯体的空气进行冷却。冷却系统的温度是由ECT传感器测量的。该传感器向PEB发送信号,根据需要控制冷却风扇的操作。冷却液温度信号由PEB经过CAN总线到显示冷却液温度再到组合仪表。该组合仪表上会实时显示冷却液的温度,如果冷却液温度变得过高,则组合仪表上的警示灯和消息将提醒驾驶人。

③驱动电机与控制器冷却风扇控制(图3-2-8)。

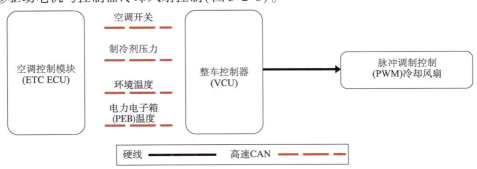

图3-2-8 脉冲调制控制(PWM)冷却风扇控制框图

冷却风扇受到来自整车控制器VCU的脉冲调制(PWM,也称占空比控制)信号控制。

冷却风扇工作时,VCU 通过 CAN 系统接收来自空调控制模块(ETC ECU)的信号,控制 PWM 模块使冷却风扇在 20%～90% 的占空比范围内的 8 个挡位的速度工作,以满足不同的冷却负荷要求。

a. 冷却风扇开启条件。冷却风扇开启取决于空调 A/C 和 PEB 冷却液温度这两个重要因素。当 A/C 开启或 PEB 冷却液温度高于 52℃ 时,冷却液风扇开始工作。

b. 冷却风扇停止工作条件。如果 PEB 冷却液温度低于 65℃,并且空调 A/C 关闭,冷却风扇停止工作。点火开关关闭,A/C 关闭,PEB 冷却液温度高于 65℃,冷却风扇继续工作,如果环境温度低于 10℃,冷却风扇会工作 30s,环境温度高于 10℃,冷却风扇会工作 60s。

④PEB/驱动电机冷却系统控制。

PEB 的工作温度不能超过 75℃,最合适的工作温度应该低于 65℃。将温度控制在 75℃ 以下可以更好地延长 PEB 和驱动电机的使用寿命。

PEB 开始工作时,电动冷却液泵会立即打开,冷却液温度传感器向空调控制模块 ETC 提供温度信号。

PEB 计算冷却液温度并与 PEB 冷却温度传感器信号进行比较,从而判断是否需要使用 PEB 冷却液温度传感器。

(2)北汽新能源驱动电机与控制器冷却系统。

北汽新能源纯电动汽车的驱动电机与控制器冷却系统的功用是将驱动电机、电机控制器(EMC)及车载充电机产生的热量及时散发出去,保证其在要求的温度范围内稳定高效的工作。

①北汽新能源驱动电机与控制器冷却系统的类型。根据车载充电机采用的冷却方式,北汽新能源驱动电机与控制器冷却系统有风冷充电机(图 3-2-9)与水冷充电机(图 3-2-10)两种类型。以下仅以水冷充电机的类型介绍。

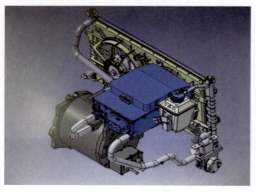
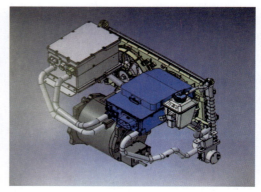

图 3-2-9　风冷充电机　　　　　　　　图 3-2-10　水冷充电机

②北汽新能源驱动电机与控制器冷却系统的结构组成。冷却系统由两个体系构成:冷却液回路和冷却风流道。

如图 3-2-11 所示,冷却液在流经 EMC、车载充电机和驱动电机等热源时,热源通过热传导将热量传递给冷却液,高温冷却液通过电动冷却液泵提供的动力流经散热器时,将热量通过热传导传递给散热器芯体,冷却空气通过热对流将热量带走,完成换热过程。

膨胀箱在冷却系统中起提高冷却液沸点和提供冷却液加注口两大作用。以下介绍冷却系统的电动冷却液泵、电子风扇等重要部件。

a. 电动冷却液泵(图3-2-12)。电动冷却液泵是冷却液循环的动力元件,其作用是:对冷却液加压,促使冷却液在冷却系统中循环,带走系统散发的热量。电动冷却液泵采用的是永磁无刷直流电机,严禁电动冷却液泵在没有冷却液的情况下空载运行,否则将导致转子、定子的磨损,并最终导致水泵的损坏。

电动冷却液泵接插件(图3-2-13)位于冷却液泵后盖上,接插件为两线,分别为正极和负极。

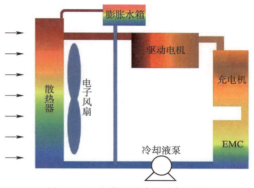

图3-2-11　新能源汽车的冷却系统

图3-2-12　电动冷却液泵

图3-2-13　电动冷却液泵接插件

电动冷却液泵安装在车身右纵梁前部下方,位于整个冷却系统较低的位置;水泵自带橡胶支架,起到降低噪声的作用。通过2个六角凸缘面螺栓与水泵支架装配,紧固力矩为9～11N·m。

b. 电子风扇(图3-2-14)。电子风扇的作用是提高流经散热器、冷凝器的空气流速和流量,以增强散热器的散热能力,并冷却机舱其他附件。

北汽新能源纯电动汽车的电子风扇采用左右双风扇构架,采用半径为125mm、6叶不对称结构的扇叶,双风扇分别由整车电源提供输入,根据电机、控制器、空调压力等参数由VCU控制双风扇运行,电子风扇为两档调速风扇。

电子风扇的接插件(图3-2-15)为四线,包括高速(2个"＋"接正极,2个"－"接负极)和低速(2个"＋"接正极,1个"－"接负极)。

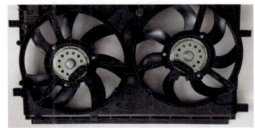

图3-2-14　电子风扇

图3-2-15　电子风扇接插件

③北汽新能源驱动电机与控制器冷却系统的控制。电动冷却液泵与散热器电子风扇由整车控制器(VCU)控制,根据整车热源(电机、电机控制器和充电器)温度进行控制(表3-2-1)。

冷却系统温度控制 表3-2-1

工作模式	控制单元	热源	风扇挡位	ON	OFF
充电模式	冷却液泵	车载充电机	—	55℃	45℃
	电子风扇	车载充电机	低速	65℃	60℃
			高速	75℃	70℃
工作模式	冷却液泵	电机控制器	—	30℃	35℃
		驱动电机	—	30℃	35℃
	电子风扇	电机控制器	低速	45℃	43℃
			高速	50℃	48℃
		驱动电机	低速	75℃	73℃
			高速	80℃	78℃

冷却系统的控制时机如下:

a. 水泵控制:起动车辆时电动冷却液泵开始工作(即仪表显示READY)。

b. 电机温度控制:当控制器监测到驱动电机温度为45℃≤温度<50℃时,冷却风扇低速启动;温度≥50℃时,冷却风扇高速启动;温度降至40℃时冷却风扇停止工作。120℃≤温度<140℃时,降功率运行;温度≥140℃时,降功率至0,即停机。

c. 电机控制器温度控制:当控制器监测到散热基板温度≥75℃时,冷却风扇低速启动;温度≥80℃时,冷却风扇高速启动;温度降至75℃时,冷却风扇停止工作;温度≥85℃时,超温保护,即停机。当控制器监测到散热基板温度为85℃≥温度≥75℃时,降功率运行。

(3)比亚迪e6驱动电机与控制器冷却系统。

①比亚迪e6驱动电机与控制器冷却系统组成。比亚迪e6驱动电机与控制器采用的冷却系统是闭式水冷循环系统,冷却液介质为乙二醇型冷却液。

如图3-2-16所示的是比亚迪e6驱动电机与控制器冷却系统结构示意图,它由散热器总成、电子风扇总成、电动冷却液泵总成、冷却软管等组成。

②比亚迪e6冷却系统工作原理。如图3-2-17所示,比亚迪e6车型电机与控制器冷却系统由电动冷却液泵提供动力,低温冷却液通过管路由散热器流向待散热元件(电机控制器、DC/DC、驱动电机),冷却液在待散热元件处吸收热量后,再通过冷却管路流经散热器进行散热,之后进行下一个循环。

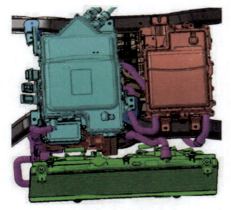

图3-2-16 比亚迪e6驱动电机与控制器冷却系统

如图3-2-18所示,电子风扇总成采用吸风式双风扇,通过串联调速电阻的方式来实现风扇的高低速挡分级,从而降低风扇噪声,提高整车的舒适性。

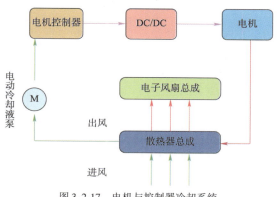

图 3-2-17 电机与控制器冷却系统

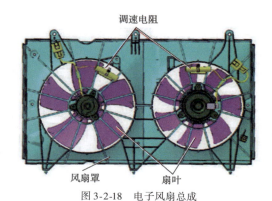

图 3-2-18 电子风扇总成

2. 驱动电机的性能参数与检测方法

1）电机主要技术性能评价参数

电机通常都有以下性能评价参数。

（1）电量参数。包括电压、电流、功率、频率、相位、阻抗、介电强度、谐波等。

（2）非电量参数。包括转速、转矩、温度、噪声、振动等。通过这些参数，能够了解电机运行时的工作特性，对被测电机进行性能评价，选择性能及工作效率最佳的电机。

电机性能参数的测量主要是电量参数。要测量电机的电量参数，就要关注最基本的电量参数：电压、电流、功率、频率、相位。这些参数是通过电子测量仪器进行测量的，根据测量项目的不同，一般会用到电压表、电流表、功率表、频率表等各种仪表。实际上，当前的电流参数测量技术非常成熟，通常使用功率分析仪（或功率计）即可满足电机所有基本电量参数的测量需求。

功率分析仪（图 3-2-19）实际上是电压表、电流表、功率表和频率表的有机融合，它实现了高精度的电压、电流、频率、相位实时采集，并实时运算出功率结果，可以为使用者提供精准的电机电量参数测试结果，且不同参数之间的采集在时基上是同步的，保证了数据的有效性。

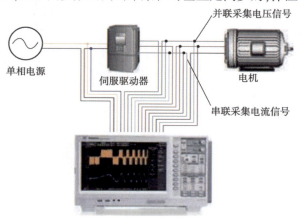

图 3-2-19 功率分析仪的基本测量原理

针对这些电量参数的测试，测试仪器有对应的测试指标，如精度、带宽、采样率等，测试人员在选择测试仪器时要注意仪器的指标是否满足自身需要与相关测试标准要求。

2）新能源汽车驱动电机性能参数的检测

国内的新能源汽车准入要求中明确规定了整车制造厂须具备动力系统、驱动系统、控制系统集成测试能力,电子电控测试系统功能测试能力。电动汽车用驱动电机及控制器的测试标准应遵循国标《电动汽车用驱动电机系统 第2部分:试验方法》(GB/T 18488.2—2015)的规定。

试验项目包括:一般性能、环境试验、温升试验、电机转矩特性及效率、再生能量回馈特性等测试。

主要试验内容包括:空载试验、负载效率试验、堵转试验、电机温度、电机温升、过载能力试验、最高工作转速、超速试验、电机控制器保护试验等。

目前常见的电机测试系统有两种(具体内容请参照对应的国家标准):

(1)测功机系统。系统包括前段供电测试直流电源(蓄电池模拟器)、测功机、变频器、测试所需仪器仪表等。

(2)电机对拖测试系统。系统包括前段供电测试直流电源(蓄电池模拟器)、陪测电机电控、测试所需仪器仪表等。

3）新能源汽车驱动电机使用注意事项及检修要求

(1)驱动电机使用注意事项。

由于驱动电机工作时的环境是高电压、大电流,在使用或操作时一定要注意以下事项。

①产品运输及安装过程中应避免碰撞、跌落及与人体的挤压。

②存储环境应干燥,在拆开电机包装时的环境要求为:温度在 -25~55℃范围内,湿度为10%~70% RH范围内。

③电机在安装使用前,必须进行绝缘检查(接线端子对机壳的绝缘电阻应大于250MΩ)。

④电机在安装使用前,旋转电机输出轴应能灵活转动,检查电机外观应无机壳破损或异常形变情况。

⑤电机在安装使用前,检查三相线束导电部分及电机强电接口应清洁无异物油脂。

⑥低压接插件为塑料件,安装过程中应避免与坚硬物体直接碰撞或受力。

⑦电机转子带强磁性,电机除高低压盖板外,其余零部件禁止拆装。

⑧操作人员必须具备高压维修相关资格及技能培训。

(2)驱动电机检修说明。

①电机内部。

a. 维修装配时都要清洁电机内部,不能有杂质。

b. 电机在修理后,电机应空转灵活,无定转子摩擦现象或异常响声(如周期性的异响、轴承受损后的异响、微小异物卡滞在转动部位引起的异响等)。

②密封处。

a. 彻底清洗接合面。

b. 接合面一定要涂抹密封胶(耐油硅酮密封胶M-1213型)。接合面包括:通气塞螺纹、排气管螺纹、挡水板与后箱体接合处、后箱体与减速器前箱体接合处。

c. 电机铭牌要用AB胶涂抹妾合处。

③螺栓。

电机上所有的螺栓要用螺纹胶涂抹紧固,拧紧时有要求扭紧力矩请按规定拧紧。如果螺栓有裂纹或者损坏,请及时更换。螺栓扭紧后用油漆记号笔做标记。

④轴承。

a. 安装轴承前要将箱体置于120℃烤箱中加热30min。

b. 安装过程中,采用规定的流程及工具进行操作。

⑤装配时用油脂处。

a. 三相动力线束总成与后箱体装配孔装配时涂抹油脂。

b. 旋变接插件与后箱体装配时涂抹润滑油。

任务实施

(一)工作准备

(1)防护装备:绝缘防护安全装备。

(2)车辆、台架、总成:荣威E50,北汽新能源,比亚迪e6或同类纯电动汽车。

(3)专用工具、设备:万用表,电机测试平台。

(4)手工工具:绝缘组合工具一套。

(5)辅助材料:警示标识和设备,干净抹布,专用的冷却液。

(二)实施步骤

本操作任务主要完成驱动电机与控制器冷却系统部件的更换,以及对驱动电机进行检测。

1. 驱动电机与控制器冷却系统部件更换

根据实训室的车辆配置,对新能源汽车驱动电机与控制器冷却系统的部件(以电动冷却液泵为例)进行更换。

警告:

在开始维修作业前,维修人员必须经过专业培训,并取得维修资格。

警告:

在开始维修作业前,维修人员必须穿戴好劳保用品,戴好绝缘手套,穿好高压绝缘鞋。在戴绝缘手套前,必须要检查绝缘手套是否有破损的地方,要确保手套无绝缘失效。

> **注意：**
> 在操作过程中，油液必须回收，不得随意遗弃，工作过程中应防止冷却液进入或飞溅到高压部件。

1）电动冷却液泵拆卸

（1）断开蓄电池负极，将蓄电池负极用绝缘胶布包裹防止意外连接。

（2）将驱动电机冷却液膨胀箱盖打开。

（3）拆卸底部导流板。

（4）断开驱动电机冷却液泵的连接器（图3-2-20）。

（5）松开卡箍，从驱动电机冷却液泵上断开冷却液泵到电机控制器软管（图3-2-21）。

图3-2-20　断开驱动电机冷却液泵的连接器

图3-2-21　断开冷却液泵到电机控制器软管

（6）松开卡箍，从驱动电机冷却液泵上断开散热器到冷却液泵软管（图3-2-22）。

（7）用10mm扳手拆下冷却液泵支架上的螺栓（图3-2-23）。

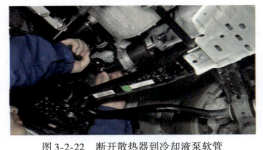
图3-2-22　断开散热器到冷却液泵软管

图3-2-23　拆下冷却液泵支架上的螺栓

（8）取下冷却液泵（图3-2-24）。

图3-2-24　取下冷却液泵

2）电动冷却液泵安装

按照拆卸的相反顺序安装电动冷却液泵。

（1）将冷却液泵支架固定到车身上，固定2颗螺栓拧紧到7~10N·m（图3-2-25）。

（2）将散热器到冷却液泵之间软管连接到冷却液泵上，并用卡箍固定（图3-2-26）。

（3）将冷却液泵到PEB的软管连接到冷却液泵上，并用卡箍固定（图3-2-27）。

图 3-2-25　将冷却液泵支架固定到车身上

图 3-2-26　将散热器到冷却液泵之间软管连接到冷却液泵上

(4)安装冷却液泵的连接器(图 3-2-28)。

图 3-2-27　将冷却液泵到 PEB 的软管连接到冷却液泵上

图 3-2-28　安装冷却液泵的连接器

(5)加注驱动电机冷却液至上限。
(6)连接蓄电池负极,并固定螺栓。
(7)起动车辆,冷却液泵将运转。
(8)关闭点火开关,检查冷却液泵软管附近有无泄漏。
(9)安装底部导流板。
(10)降下车辆。

2. 驱动电机部件的检测

本操作任务主要完成对驱动电机各部件(以电机定子绕组及线路为例)进行检测。

 警告:
　　不要试图分解电机总成,避免造成人身伤害及损坏电机。

以下以荣威 E50 为例介绍驱动电机定子绕组的测量方法,其他车型可参考。
(1)拆下手动维修开关,等待 5min 以上。
(2)用 T30 套筒对角拆下 PEB 上的 7 根螺栓(图 3-2-29)。
(3)轻轻取出 PEB 盖板(图 3-2-30)。
(4)将万用表旋至交流电压挡,测量 U、V、W 三相线束端子间电压(图 3-2-31)。
(5)测量 U、V、W 三相线束端子与搭铁之间的电压(图 3-2-32)。

图 3-2-29　拆下 PEB 上的螺栓

图 3-2-30　取出 PEB 盖板

图 3-2-31　测量三相线束端子之间的电压

图 3-2-32　测量三相线束端子与搭铁之间的电压

> ⚠ **警告：**
> 在进行电压测量时必须佩戴绝缘手套，并且一定要确保测量每个端子间的电压，确保每组电压值为 0V 或者 3V 以下才可以继续拆解。

（6）将万用表旋至直流电压挡，测量高压线束端子之间的电压（图 3-2-33）。

（7）测量高压线束端子与搭铁之间的电压（图 3-2-34）。

图 3-2-33　测量高压线束端子之间的电压

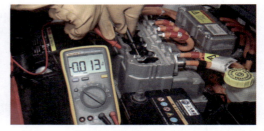

图 3-2-34　测量高压线束端子与搭铁之间的电压

（8）用 10mm 长套筒拆下电机线束固定螺栓（图 3-2-35）。

（9）拆下电机线固定在 PEB 外壳上的 6 根螺栓，并抽出 3 根电机高压线束（图 3-2-36）。

图 3-2-35　拆下驱动电机线束固定螺栓

图 3-2-36　抽出 3 根电机高压线束

(10)使用万用表电阻挡,测量 U、V、W 三相线束端子间的电阻(图 3-2-37)。测出的电阻值应相等或稍有偏差,若三相电阻差别较大则说明电机可能有匝间短路。

(11)测量 U、V、W 三相线束每一相和壳体之间的电阻数值,数值应无限大,否则是对应的绕组对地短路(图 3-2-38)。

图 3-2-37　测量 U、V、W 三相线束端子间的电阻　　图 3-2-38　测试每一相和壳体之间的电阻数值

3. 驱动电机性能检测

本操作任务主要完成对驱动电机总成进行检测。

> 💡 **提示：**
> 根据实训室设备配置选做。

1)测试设备介绍

相比于低精度、窄带宽的传统测试平台,MPT 电机测试系统(图 3-2-39)融合了仪器设计与系统集成的理念,拥有高达 0.01% 测量精度、1MHz 电机输入带宽、10ns 同步误差和 200k 转速与转矩采样率四大顶级性能指标,是应用较多的电参数分析系统。

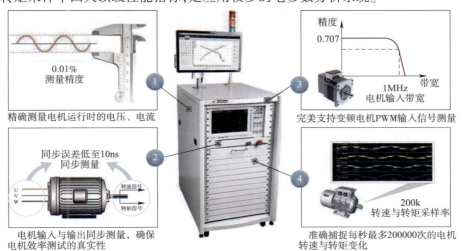

图 3-2-39　MPT 电机测试系统

MPT 电机测试系统支持多种特色分析功能,可对电机的电气特性进行全面的综合分析与性能评估。

2)测试步骤

(1)谐波分析:可对电机输入信号进行 128 次谐波测量,分析电机异常的问题源头(图 3-2-40)。

(2)矢量图:直观显示两路三相信号的不平衡度、相位差等参数,可用于变频电机驱动系统中对电机驱动器输入输出三相不平衡度特性的分析(图 3-2-41)。

图 3-2-40　电机信号谐波分析　　　　　　　图 3-2-41　电机信号矢量图

(3)趋势图:可测量电机各项参数的变化趋势,最大支持 16 项参数趋势线同时查看(图 3-2-42)。

(4)FFT 分析:可对电机输入信号进行 FFT 分析,分析各类高频干扰的产生原因(图 3-2-43)。

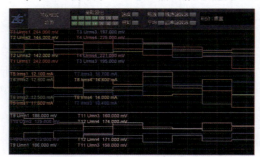   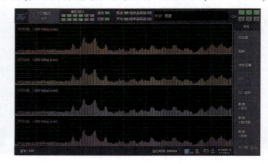

图 3-2-42　电机信号趋势图　　　　　　　图 3-2-43　电机信号 FFT 分析

> 提示:
> FFT 是一种线性的全局信号的处理方法,称为离散傅立叶变换的快速算法,可以将一个信号变换到频域。有些信号在时域上很难看出其特征,但是如果变换到频域之后,就很容易看出特征了。这就是很多信号分析采用 FFT 变换的原因。

(5)波形运算:可对电机输入电压、电流的波形进行自定义公式运算,并将计算结果以波形显示(图 3-2-44)。

(6)积分功能:可对电机输入功率进行积分,测量电机运行时的能耗(图 3-2-45)。

(7)周期分析:可对电机输入每个周期的测量参数进行数值和图像统计,便于观察电机运行时各种参数的变化和波动情况(图 3-2-46)。

驱动电机结构原理与检修　项目三

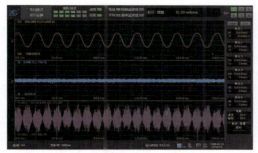

图 3-2-44　电机信号波形运算

图 3-2-45　电机功率积分功能

（8）IEC 谐波分析：可对并网电机的输入信号进行 IEC 谐波测量，分析其 IEC 谐波含量与对电网的影响（图 3-2-47）。

图 3-2-46　电机参数周期分析

图 3-2-47　电机 IEC 谐波分析

> **提示：**
> 谐波的分析方法有很多，为了统一标准，在不同应用场合，国际或国内标准组织提出了不同的测试标准，其中 IEC 谐波就是其中一种。

（9）MAP 图：根据国标《电动汽车用驱动电机系统　第 2 部分：试验方法》（GB/T 18488.2—2015），需要对新能源汽车驱动电机进行 MAP 图测试，获取该电机的效率特性和高效区分布情况。MAP 图实际测试结果如图 3-2-48 所示。

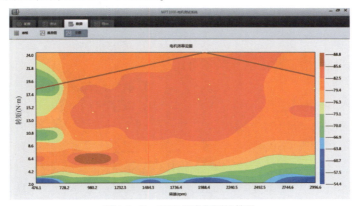

图 3-2-48　MAP 图实际测试结果

图中横轴为转速,纵轴为转矩,颜色表示对应的效率,它代表了电机在不同的工作区域(转速、转矩)下的效率特性分布情况,其中橙红色部分就是电机的高效区。高效区分布越广,代表该电机在各类工况下运行时越省电。

MPT 电机测试系统内置 MAP 自动化测试功能,可以根据用户预先设置的加载情况,自动控制负载和被试电机进行对应的工况加载,获取不同工况下的效率,最终把海量的测试数据整合成一张 MAP 图,直观地为用户分析电机的效率特性和高效区分布情况。

学习测试

1. 填空题

(1)电动汽车电机与控制器冷却系统主要依靠_____带动冷却液在冷却管道中循环流动,通过_____的热交换等物理过程,冷却液带走电机与控制器产生的热量。

(2)驱动电机主要冷却方式有_____、_____和_____。

(3)膨胀箱在冷却系统中起_____和提供冷却液_____两大作用。

(4)电机最基本的电量参数:电压、_____、_____、频率、相位。

(5)电动汽车的驱动电机试验项目包括:_____、环境试验、_____、电机转矩特性及效率、_____等测试。

2. 判断题

(1)电机风冷方式的介质为电机周围的空气,空气直接送入电机内,吸收热量后向周围环境排出。（　　）

(2)电机水冷系统采用的冷却液与传统车辆的冷却液一致。（　　）

(3)荣威 E50 驱动电机与控制器冷却风扇采用脉冲调制控制。（　　）

(4)电机在安装完成后就能立即使用。（　　）

(5)电机绕组测出的电阻值应相等或稍有偏差。（　　）

3. 单项选择题

(1)驱动电机冷却方式冷却效果最好的是(　　)。
　A.自然冷却　　　B.风冷　　　C.水冷　　　D.直接风扇冷却

(2)荣威 E50 的 PEB/驱动电机冷却液泵安装在(　　)。
　A.在前右纵梁上　　　B.在前左纵梁上
　C.驱动电机上　　　D.动力蓄电池上

(3)驱动电机过热,造成故障的原因不可能是(　　)。
　A.冷却液缺少　　　B.电动冷却液泵损坏
　C.电动冷却液泵不工作　　　D.电子风扇常转

(4)对驱动电机非电量检测参数有(　　)。
　A.转速、转矩　　　B.噪声、温度　　　C.振动　　　D.以上都是

(5)满足电机所有基本电量参数的测量需求的仪器是(　　)。
　A.万用表　　　B.绝缘测试仪　　　C.功率分析仪　　　D.发动机分析仪

驱动电机管理系统结构原理与检修

本项目主要介绍驱动电机管理系统的特点、类型、结构原理与检修,分为 2 个任务学习。
任务 1　驱动电机管理系统结构原理认知;
任务 2　驱动电机管理系统检修。
通过以上 2 个任务的学习,你可以了解驱动电机管理控制系统的功能、结构组成和工作原理,以及驱动电机管理系统的检修。

任务 1　驱动电机管理系统结构原理认知

一辆电动汽车无法运行,你的主管对其诊断结果为驱动电机控制器异常,让你进一步检查,必要时更换。你能完成这个任务吗?

知识要求

1. 能够描述驱动电机控制器的安装位置、功能和类型;
2. 能够描述典型车型驱动电机控制器的结构组成与工作原理。

能力要求

能够检索资料,归纳并描述主流车型驱动电机控制器的类型、结构与特点。

素质要求

1. 培养良好的职业道德和工匠精神;
2. 培养安全意识和团队协作精神;
3. 培养自我管理和自主学习能力。

相关知识

1. 驱动电机管理系统概述

电机及变速驱动单元(也称电驱动总成,图 4-1-1)是新能源(电动)汽车核心系统之一,是车辆行驶的主要驱动系统,其特性决定了车辆的主要性能指标,直接影响车辆动力性、经济性和用户驾乘感受。电机及变速驱动单元需要一套完善的管理系统,即驱动电机管理系统。

图 4-1-1　电机及变速驱动单元

为了驱动交流电机,将动力蓄电池直流电转换成交流电的交换器称为逆变器。大多数电动汽车将驱动电机的逆变器与控制模块集成在一起,称为驱动电机控制器(Electrical Machine Controller,EMC),如图 4-1-2 所示。

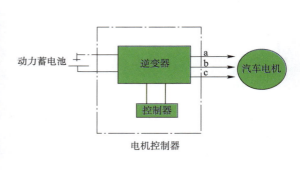

图 4-1-2　驱动电机控制器的内部和工作原理示意图

驱动电机控制器是驱动电机管理系统的主控模块,通常位于驱动电机的上部。EMC 通过接收整车控制器(VCU)的车辆行驶控制指令,利用各种传感器采集信息,控制驱动电机的运转速度、方向以及将驱动电机作为发电机发电,并将运行状态的信息发送给整车控制器(VCU)。

驱动电机控制器内部最重要的元件是绝缘栅双极型晶体管(Insulated Gate Bipolar Transistor，IGBT，图4-1-3），IGBT的作用是将动力蓄电池的直流电转换为交流电，同时还承担电压的高低转换功能。另外，它也将电机回收的交流电流转换成可供动力蓄电池充电的直流电流。

如图4-1-4所示，动力蓄电池组和驱动电机分别与IGBT模块的输入端及输出端连接，IGBT模块的输出电压由驱动电机控制器向其输入的脉冲信号控制。在运行过程中，驱动电机控制器通过采集分析加速踏板、制动踏板、车速等传感器信号来进行驱动电机电压的输出控制，输出方式是将控制脉冲信号传递到IGBT模块，通过采集驱动电机的电压、电流、温度等反馈信号进行系统的过压、过流、过热保护。

图4-1-3　IGBT结构

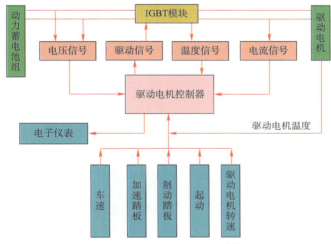

图4-1-4　驱动电机控制系统控制框图

目前应用在电动汽车上的驱动电机控制器主要有两种类型，一种是仅用于控制驱动电机，例如北汽新能源汽车早期车型的驱动电机控制器；另一种是集成了DC/DC变换器及其他的控制功能。将驱动电机控制器与DC/DC变换器集成化是目前纯电动汽车与混合动力电动汽车高压部件设计的一个趋势，集成度更高的系统既节省了成本，也利于系统之间信息的共享与车辆部件位置的布置设计。如图4-1-5所示，比亚迪e5纯电动汽车将驱动电机控制器、DC/DC变换器、车载充电器及高压配电箱（BDU）集成一体，即"四合一"的高压电控总成。

图4-1-5　比亚迪e5高压电控总成

2．典型车型驱动电机控制器的结构组成与工作原理

以下介绍驱动电机控制器的结构组成与工作原理，其他车型可以参照相应的维修手册等技术资料。

1)比亚迪汽车驱动电机控制器的结构组成与工作原理

(1)比亚迪 e6 纯电动汽车驱动电机控制器。

比亚迪 e6 的驱动电机控制器(图 4-1-6)安装在前机舱内,靠近 DC/DC 变换器的位置。

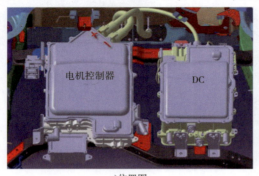

a)位置图

b)实物图

图 4-1-6　比亚迪 e6 驱动电机控制器

比亚迪 e6 的驱动电机控制器总成包含上、中、下三层,上、下层为电机控制单元,中层为水道冷却单元,还包括低压信号接插件、2 根动力蓄电池正负极接插件、3 根电机三相(U、V、W)动力输出线和 2 个水套接管接头及其他周边附件。如图 4-1-7 所示是驱动电机控制器主要接口示意图。

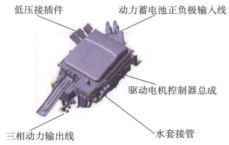

图 4-1-7　驱动电机控制器主要接口示意图

驱动电机控制器利用 IGBT 将动力蓄电池的直流电转换为交流电,并控制驱动电机工作,电机控制器的主要功能包括:

①控制电机正向驱动、反向驱动、正转发电、反转发电。

②控制电机的动力输出,同时对电机进行保护。

③通过 CAN 与其他控制模块通信,接收并发送相关的信号,间接地控制车上相关系统正常运行。

④制动能量回馈控制。

⑤自身内部故障的检测和处理。

如图 4-1-8 是驱动电机控制器的控制框图。驱动电机控制器输入的高压电是来自高压配电箱(BDU)的动力蓄电池直流电,输出到驱动电机的是三相交流电;输入的低压电源是来自 DC/DC 变换器和低压蓄电池的 12V 电源,并进行冷却液泵驱动;驱动电机控制器还采集 CAN 线、制动深度传感器(制动开关)、节气门深度传感器(加速踏板)、驻车(挡位)信号、冷却液温度传感器、电机温度传感器、旋转变压器(电机角度传感器)等信号。

除了对电压、电流、温度进行监控以外,由于三相永磁同步电机开环控制容易产生脱离同步运转的情况,因此驱动电机控制器需要持续对转子的磁极位置进行检测,根据磁极的变化改变电机三相电缆电流的供给。

比亚迪 e6 驱动电机检测电机转子旋转的角度和位置采用旋转变压器来实现。

旋转变压器,简称旋变器,也称旋变传感器、解角器或角度传感器,是一种输出电压随转子转角变化的信号元件。旋转变压器安装位置和结构如图 4-1-9 所示。

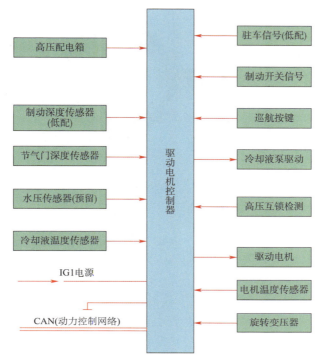

图 4-1-8 驱动电机控制系统框图

图 4-1-9 旋转变压器安装位置及结构

驱动电机控制器根据旋变器检测电机的角度位置、转速和方向。如图 4-1-10 所示,旋变器包含一个励磁线圈(线圈 C)、两个驱动线圈(正旋 +S、余旋 −S)和一个不规则形状的金属转子。金属转子以机械方式固定在电机轴上。当点火开关 ON 时,驱动电机控制器输出一个 5V 交流电、一定频率的励磁信号至驱动线圈。驱动线圈励磁信号生成一个环绕两个从动线圈和不规则形状转子的磁场。驱动电机控制器监测两个从动线圈电路,以获得一个返回信号。不规则形状金属转子的位置引起从动线圈的磁感应返回信号发生大小和形状的变化。通过比较两个从动线圈信号,驱动电机控制器能确定电机的确切角度、转速和方向。

旋变器的线束连接器如图 4-1-11 所示。线圈测试规格为:正旋阻值为 16Ω,余旋阻值为 16Ω,励磁阻值为 8Ω,误差为 1Ω。

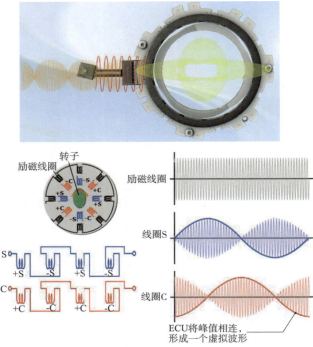

图 4-1-10　旋变器结构示意图及信号波形

图 4-1-11　旋变器的线束连接器

（2）比亚迪秦混合动力电动汽车驱动电机控制器。

比亚迪秦混合动力电动汽车驱动电机控制器与 DC/DC 变换器集成一体，安装位置如图 4-1-12 所示。

图 4-1-12　比亚迪秦驱动电机控制器与 DC/DC 位置图

比亚迪秦驱动电机控制器与 DC/DC 总成结构如图 4-1-13 所示。

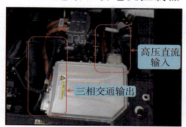  

图 4-1-13　比亚迪秦混合动力电动汽车驱动电机控制器与 DC/DC 结构

2）北汽新能源纯电动汽车驱动电机控制器

（1）驱动电机控制器安装位置。

如图 4-1-14 是北汽新能源 EV200 纯电动汽车前机舱的部件位置图，驱动电机控制器（EMC）和动力驱动总成（PDU）都安装在前机舱内部，DC/DC 集成在 PDU 内部。

图 4-1-14　北汽新能源 EV200 前机舱部件位置

（2）驱动电机控制器结构和工作原理。

驱动电机控制器（EMC）结构如图 4-1-15 所示，其内部采用三相两电平电压源型逆变器，是驱动电机系统的控制核心，它以 IGBT 为核心，辅以驱动集成电路、主控集成电路。EMC 对所有的输入信号进行处理，并将驱动电机控制系统运行状态信息通过 CAN 网络发送给整车控制器（VCU）。驱动电机控制器内含故障诊断电路，当电机出现异常时，达到一定条件后，它将会激活一个错误代码并发送给 VCU，同时也会储存该故障码和相关数据。

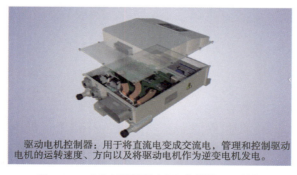

图 4-1-15　北汽新能源驱动电机控制器 EMC 结构

驱动电机控制器的结构

驱动电机控制器主要依靠电流传感器、电压传感器、温度传感器、旋转变压器来进行电机运行状态的监测,根据相应参数进行电压、电流的调整控制以及其他控制功能的完成。电流传感器用于检测电机工作实际电流,包括母线电流、三相交流电流。电压传感器用于检测供给电机控制器工作的实际电压,包括动力蓄电池电压、12V 蓄电池电压。温度传感器用于检测电机控制系统的工作温度,包括 IGBT 模块的温度。

3)上汽荣威纯电动汽车驱动电机控制器

上汽荣威 E50 纯电动汽车的电力电子箱(Power Electronics Box,PEB),集成了驱动电机控制器、DC/DC 变换器、空调驱动器的功能(图 4-1-16)。

如图 4-1-17 所示,荣威 E50 驱动电机控制器 PEB 的特点是同时具有控制电机和 DC/DC 变换器的组合功能,此外在控制器内部还会并联一条

图 4-1-16 荣威 E50 电力电子箱(PEB)

高压线路给空调压缩机供电。PEB 一端连接来自动力蓄电池的直流高压电,另一端连接驱动电机的三相交流电缆。PEB 将来自动力蓄电池的直流电转换为可用于驱动电机的 U、V 和 W 三相交流电,同时在制动能量回收时,也将来自电机产生的交流电转换成直流电,反馈给动力蓄电池。

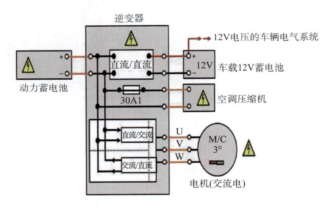

图 4-1-17 荣威 E50 PEB 内部结构和工作原理图

(一)工作准备

(1)防护装备:常规实训着装。

(2)车辆、台架、总成:比亚迪 e6、北汽新能源、上汽荣威 E50 纯电动汽车,比亚迪秦混合动力汽车,或其他同类新能源汽车整车或台架;驱动电机控制器总成。

(3)专用工具、设备:无。

（二）实施步骤

（1）参观实训室中驱动电机控制器的挂图或模型，认识驱动电机控制器（逆变器）的类型与结构组成。

> **提示：**
> 驱动电机控制器部件更换请参照"项目三驱动电机结构原理与检修"的相关内容。

（2）利用互联网查询新能源汽车驱动电机控制器的现状和发展。

打开电脑或移动终端的浏览器，利用其搜索功能，搜索"驱动电机控制器、逆变器、类型"等关键词，查询并记录相关的信息。必要时走访周边汽车销售门店，了解主流车型驱动电机控制器（逆变器）的类型和特点。

学习测试

1. 填空题

（1）大多数电动汽车将驱动电机的_____与控制模块集成在一起，称为驱动电机控制器，简称_____。

（2）IGBT 的作用是将动力蓄电池的_____转换为_____，同时还承担电压的_____功能。

（3）比亚迪驱动电机检测电机转子旋转的_____和_____采用旋转变压器来实现。

（4）驱动电机控制器主要依靠_____传感器、_____传感器、_____传感器、_____来进行电机运行状态的监测。

（5）荣威 E50 纯电动汽车的 PEB，集成了驱动电机控制器、_____、_____的功能。

2. 判断题

（1）驱动电机控制器通常与驱动电机集成一体。（   ）

（2）动力蓄电池组和驱动电机分别与 IGBT 模块的输入端及输出端连接。（   ）

（3）当点火开关位于 ON 时，驱动电机控制器输出一个 5V 直流电压信号至旋变器的驱动线圈。（   ）

（4）北汽新能源 EV200 纯电动汽车驱动电机控制器集成在动力驱动总成内部。（   ）

（5）荣威 E50 驱动电机控制器 PEB 的特点是同时具有控制电机和 DC/DC 变换器的组合功能，此外在控制器内部还会并联一条高压线路给空调压缩机供电。（   ）

3. 单项选择题

（1）驱动电机控制器接收的车辆行驶控制指令来自（   ）。
　　A. EMC　　　　　　B. BMS　　　　　　C. VCU　　　　　　D. PDU

（2）逆变器用于转换的电压方式包括（   ）。
　　A. 直流—交流转换　　B. 交流—直流转换　　C. 电压高低转换　　D. 以上都是

（3）比亚迪 e5 纯电动汽车"四合一"的高压电控总成不包括（　　）。
  A. 驱动电机控制器　　　　　　　　B. 整车控制器
  C. 车载充电器　　　　　　　　　　D. 高压配电箱（BDU）

（4）比亚迪旋变器的电阻测试规格正确的是（　　）。
  A. 正旋阻值：16Ω，余旋阻值：16Ω，励磁阻值：8Ω
  B. 正旋阻值：16Ω，余旋阻值：8Ω，励磁阻值：8Ω
  C. 正旋阻值：8Ω，余旋阻值：16Ω，励磁阻值：8Ω
  D. 正旋阻值：16Ω，余旋阻值：8Ω，励磁阻值：8Ω

（5）下列关于驱动电机控制器的描述错误的是（　　）。
  A. 工作时会产生热量　　　　　　　B. 输入输出都是低电压
  C. 有的车型与 DC/DC 集成一体　　 D. 驱动电机的主控模块

任务 2　驱动电机管理系统检修

提出任务

一辆比亚迪 e6 纯电动汽车出现无法行驶的故障，你的主管初步判断是驱动电机管理系统方面的问题，要求你利用诊断仪器进行进一步诊断，你能完成这个任务吗？

任务要求

知识要求

1. 能够描述驱动电机管理系统的检测方法；
2. 能够描述驱动电机管理系统运行注意事项。

能力要求

能够使用诊断仪读取和分析驱动电机控制器的基本参数。

素质要求

1. 培养良好的职业道德和工匠精神；
2. 培养安全意识和团队协作精神；

3. 培养自我管理和自主学习能力。

1. 驱动电机管理系统的检测

驱动电机管理系统在控制驱动电机的同时，还会对电压、电流、温度、角度等相关传感器以及控制器自身进行实时自检。大多数混合动力电动汽车或纯电动汽车的驱动电机控制器主要在以下方面进行自检。

1）控制器供电和软件程序自检

（1）供电检测。驱动电机控制器需要来自车辆低压蓄电池的12V参考电源，当连接的参考电源电压过低或过高时，控制器将会实行自我关闭，并对外输出诊断故障码。

（2）内部软件程序的自检。驱动电机控制器内部包括电机控制单元、逆变器控制单元等，这些部件都有集成电路及CPU，在正常运行过程中，系统会进行自我读、写存储器的能力监测，这属于控制器的内部故障检测，一般不能进行故障维修处理，只能重新编程或更换。

2）IGBT性能检测

驱动电机控制器（EMC）会根据整车控制器（VCU）的指令，控制IGBT的接通和断开，从而实现驱动电机的输出或作为发电机工作。在对电机逆变的过程中，通过顺序启动IGBT的高电流开关晶体管，控制其相应的驱动电机或发电机的速度、方向和输出转矩。同时，控制器会检测每个IGBT的故障情况，当发现相应故障后，会关闭逆变器功能。

3）驱动电机U-V-W相电流检测

由于驱动电机或发电机使用三相交流电运行，且IGBT通常会对应控制驱动电机或发电机的其中一个相，各相分别标识为U、V、W。控制器通过监测连接到各驱动电机或发电机相的电流传感器，检测逆变器是否存在电流过大的故障。大多数电流传感器是驱动电机控制器总成内部的一部分，无法单独维修。

另外，由于所有电机或发电机的相电路是通过电气方式连接的，其电流总量应相同。电机控制器执行一次计算，以确认相电流传感器的精确性。如果U-V-W相电流传感器的相电流总量大致相同，则计算结果应接近零；如果U-V-W相电流相差较大，则会认为是故障。U-V-W三相应该不缺相，不漏电。驱动电机三相线圈绕组的电阻两两之间相差小于1Ω，并且分别与电机壳体绝缘。

4）电机温度检测

除了安装在驱动电机上的温度传感器外，在大多数的驱动电机控制器模块内部也会设置有温度传感器，用于检测连接电机电缆的温度，以及模块自身集成电路的温度。温度传感器是一个负温度系数的热敏电阻，随着温度升高，电阻减小；随着温度降低，电阻增大。

驱动电机控制器向温度传感器提供一个5V参考电压信号，并测量电路中的电压降。当被检测的电缆或集成电路温度低时，传感器电阻大，控制器模块检测到高电平信号电压。当温度升高时，传感器电阻减小，信号电压也降低。当驱动电机控制器检测到温度异常时，会输出故障码，并根据故障情况采取限速甚至停止电机工作等措施。

5)驱动电机位置的检测

驱动电机控制器根据旋转变压器型位置传感器信号,监测驱动电机转子角度、转速和方向。当驱动电机控制器检测到电机位置异常时,会输出故障码,并根据故障情况采取限速甚至停止电机工作等措施。

6)驱动控制器高压绝缘检测

驱动电机控制器利用若干内部传感器检测来自动力蓄电池的高电压。驱动电机控制器测试高电压正极电路或高电压负极电路与车辆底盘之间是否存在失去隔离的情况,当检测到电机控制器或者相关电路在动力蓄电池输出高电压后,存在对车辆底盘的电阻过低的情况,系统将会将这一情况反馈给整车控制器(VCU),并与VCU一起切断车辆的高电压,避免发生事故。

7)驱动电机管理系统的检测方法

驱动电机控制器(管理系统)发生故障时,可以利用故障检测仪器进行检测,包括故障码读取及数据流分析。操作故障诊断仪器时请同时参阅对应厂家诊断仪器的操作说明书。

2. 驱动电机管理系统运行注意事项

驱动电机管理系统运行时必须注意以下事项:

(1)电机控制器的上电顺序要求。在给电机控制器上高压电源之前,必须先将低压控制电源接通。断电时,先断开高压电源,再断开低压控制电源。

(2)电机控制器不能应用在与标称(额定)电压不符的电源上,这时控制器或者不能正常工作,或者会被烧毁。

(3)电机控制器只能与动力蓄电池组配套使用,不要尝试使用整流电源。

(4)故障出现在电机及控制器的任何部位都有可能导致重大的设备损坏,甚至是严重的人身伤害(即存在潜在的危险故障)。因此,还必须采取附加的外部预防措施(如主高压接触器)用于确保安全运行,即使在故障出现时也应如此。

(5)对动力蓄电池组进行充电时,控制系统应将电机控制器断开。

(6)车辆停止使用或长期停放时,需将高、低压电源断开。

(7)电动汽车出现故障后,被拖车拖走维修时必须保证该车辆挡位处于空挡位置,实现电机输出轴与变速器之间的连接脱离,避免电机高压发电造成系统损坏以及安全事故。

(一)工作准备

(1)防护装备:常规实训着装。

(2)车辆、台架、总成:比亚迪 e6 纯电动汽车,荣威 E550 混合动力电动汽车,或其他同类新能源汽车。

(3)专用工具、设备:比亚迪、荣威专用故障诊断仪。

(4)手工工具:组合拆装工具。

(5)辅助材料:无。

（二）实操步骤

本任务介绍利用故障诊断仪器进行驱动电机管理系统的检测方法，操作时请同时参阅对应厂家诊断仪器的操作说明书。

1. 比亚迪 e6 驱动电机数据流读取和分析

 警告：

在接通汽车后，诊断仪屏幕会亮起，若程序未运行或出现乱码情景，可拔下仪器的数据线重新连接一次，即可继续操作，并且请确保测试接头和诊断仪器接触良好，以保证信号传输不会中断。

提示：

比亚迪汽车驱动电机控制器称为"双向交流逆变式电机控制器"，简称 VTOG。

（1）连接仪器诊断接头到车辆的故障诊断座（图 4-2-1）。
（2）起动车辆。
（3）开启仪器电源，根据仪器屏幕提示操作（图 4-2-2）。
（4）进入 VTOG 控制器（图 4-2-3）。

比亚迪 e6 驱动电机
数据流读取

图 4-2-1　连接仪器诊断接头到车辆诊断座

图 4-2-2　根据仪器屏幕提示操作

（5）起动车辆，读取数据流，观察数据流在各种状态下的变化（图 4-2-4～图 4-2-7）。
（6）返回诊断仪主菜单，关闭仪器（图 4-2-8）。

图 4-2-3　进入 VTOG 控制器

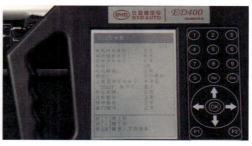

图 4-2-4　VTOG 控制器数据流 1

图4-2-5　VTOG 控制器数据流 2

图4-2-6　VTOG 控制器数据流 3

图4-2-7　VTOG 控制器数据流 4

图4-2-8　返回主界面并关闭仪器

2. 荣威 E550 驱动电机控制器数据流读取和分析

以荣威 E550 为例,进行驱动电机控制器模块数据流读取和分析。根据仪器的操作提示,可以通过诊断仪读取到驱动电机控制器的数据流,如图4-2-9～图4-2-11所示。

图4-2-9　荣威汽车驱动电机控制器数据流 1

图4-2-10　荣威汽车驱动电机控制器数据流 2

图 4-2-11　荣威汽车驱动电机控制器数据流 3

从数据流中可以看出动力驱动电机相关参数的数值,如驱动电机的三个相位 U-V-W 电流值、驱动电机温度等,维修技师可以将其与维修手册中相关的参考值进行对比,以判断驱动电机的工作运行状态。

学习测试

1. 填空题

(1) 驱动电机管理系统在控制驱动电机的同时,还会对电压、电流、_____、_____等相关传感器以及_____进行实时自检。

(2) 电机控制器内部包括有_____单元、_____控制单元等。

(3) 电机控制器模块内部的温度传感器,随着温度升高,电阻_____;随着温度降低,电阻_____。

(4) 驱动电机旋变型位置传感器监测驱动电机转子的_____、_____和_____。

(5) 在给电机控制器上高压电源之前,必须先将_____电源接通。断电时,先断开_____电源。

2. 判断题

(1) 驱动电机控制器发现 IGBT 相应故障后,会关闭逆变器功能。　　　　(　　)

(2) 大多数电流传感器是独立于电机控制器安装的,可以单独维修。　　　(　　)

(3) 对动力蓄电池组进行充电时,控制系统应将电机控制器断开。　　　　(　　)

(4) 驱动电机管理系统会对驱动电机、传感器以及自身控制模块进行实时自检。(　　)

(5) 电动汽车发生事故需要拖车时,与传统汽车一致。　　　　　　　　　(　　)

3. 单项选择题

(1) 以下说法错误的是(　　)。

　A. 因为具有高压电源输入,驱动电机控制器不需要车辆低压蓄电池的 12V 参考电源

　B. 驱动电机控制器的参考电源电压异常时,控制器将会实行自我关闭,并对外输出诊断故障码

　C. 驱动电机控制器内部系统程序自我读、写存储器的能力监测,属于控制器的内部

故障检测

D. 驱动电机控制器软件程序故障时，只能重新编程或更换

（2）驱动电机控制器实现逆变功能的部件的（　　）。

A. 旋转变压器　　　　　　　　　　B. IGBT

C. 电流传感器　　　　　　　　　　D. 读写存储器

（3）电机或发电机相电路是通过电气方式连接的，正常情况下其电流总量应（　　）。

A. 不相同　　　　B. 相同　　　　C. 根据实际工况确定　　D. 无法确定

（4）驱动电机控制器向温度传感器提供的参考信号是（　　）。

A. 5V 参考电压　　　　　　　　　B. 12V 参考电压

C. 5A 参考电流　　　　　　　　　D. 12A 参考电流

（5）电动汽车出现故障后，被拖车拖走维修时必须保证该车辆挡位处于（　　）。

A. P 挡　　　　B. R 挡　　　　C. N 挡　　　　D. D 挡

动力驱动单元结构原理认知

本项目主要介绍新能源汽车动力驱动单元的知识,包含以下两个任务:
任务1　混合动力电动汽车动力驱动单元结构原理认知;
任务2　纯电动汽车动力驱动单元结构原理认知。
通过以上两个任务的学习,你将能够掌握混合动力电动汽车与纯电动汽车动力驱动单元的驱动形式和结构特点、工作原理等相关知识。

混合动力电动汽车动力驱动单元结构原理认知

提出任务

作为新能源汽车专业的售后服务人员,你知道混合动力电动汽车有几种驱动形式吗?这些驱动形式的结构原理分别是什么?

任务要求

● 知识要求

1. 能够描述混合动力电动汽车动力驱动单元的驱动形式及结构原理;
2. 能够描述典型车型动力驱动单元的结构特点。

● 能力要求

能够检索资料,归纳并描述混合动力电动汽车各种驱动形式的结构原理和特点。

素质要求

1. 培养良好的职业道德和工匠精神；
2. 培养安全意识和团队协作精神；
3. 培养自我管理和自主学习能力。

相关知识

新能源汽车的动力驱动单元也称变速驱动单元、动力总成或电驱动总成，通过驱动电机将动力蓄电池的能量按照整车控制器（VCU）的要求转换成车辆需要的机械能驱动车辆行驶。

1. 混合动力电动汽车动力驱动单元的驱动形式及结构原理

混合动力电动汽车是由两种或两种以上的动力来进行驱动的，大多数的油电混合动力汽车主要由内燃机发动机和电力两种动力进行驱动（图 5-1-1）。

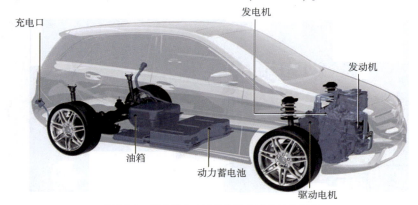

图 5-1-1　混合动力电动汽车动力系统结构组成

在混合动力电动汽车中，动力驱动单元也是连接发动机与电力驱动的重要部件。按照动力系统结构形式的不同，可以将混合动力电动汽车分为串联式混合动力电动汽车、并联式混合动力电动汽车以及混联式混合动力电动汽车 3 种形式，如图 5-1-2 所示。

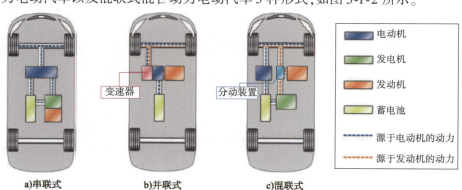

图 5-1-2　混合动力电动汽车的驱动形式

1）串联式混合动力驱动单元的驱动形式与结构原理

串联式混合动力驱动单元是指车辆的驱动力只来源于电机的混合动力电动汽车。其特点是燃油发动机（增程器）带动发电机发电，电能通过电机控制器输送给电机，由电机驱动汽车行驶。另外，动力蓄电池也可以单独向电机提供电能驱动汽车行驶。如理想增程式电动汽车（图 5-1-3）即采用这种形式的驱动单元。

a) 理想ONE增程式汽车　　　　b) 增程式汽车结构

图 5-1-3　理想增程式电动汽车及结构

（1）串联式混合动力驱动单元主要结构形式。

串联式混合动力驱动单元内部设置有单级单排行星齿轮机构、2 个电机（发电机 A 和驱动电机 B）和 3 个离合器（C1、C2、C3），其连接关系如图 5-1-4 所示。

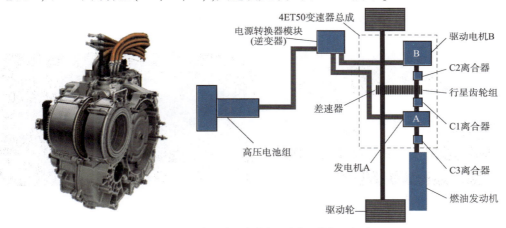

图 5-1-4　串联式混合动力驱动单元结构示意图

内部部件的连接关系是行星齿轮机构的太阳轮与驱动电机 B 刚性连接，齿圈受 C1 离合器和 C2 离合器的控制，行星架实现动力输出。行星齿轮安装于输出行星架总成内。太阳轮与输出太阳轮轴啮合。齿圈与 C2 外圈及 C1 内圈配合。C1 工作时，齿圈处于静止状态。C2 工作时，齿圈与发电机 A 连接。

（2）驱动单元运行模式。

串联式混合动力驱动单元运行时有 3 种运行模式，即：

①纯电动单电机驱动模式。该模式下，发动机是处于关闭的状态，仅由驱动电机 B 驱动车辆。

在纯电动单电机驱动模式下，驱动单元内部部件的动力传递方式是 C1 离合器接合以保持行星齿轮组的齿圈处于静止状态，动力蓄电池通过逆变器等部件驱动电机 B 运转，由于行星齿轮组的齿圈保持静止状态,因此旋转转矩通过行星架输送到差速器,并最终传输到驱动轮上。

②纯电动双电机驱动模式。在该模式下,发动机仍然关闭,驱动车辆通过2个电机进行。驱动电机B提供移动车辆所需的转矩,发电机A辅助驱动电机B驱动车辆行驶。

内部的动力传递方式是动力蓄电池为2个电机提供电源动力,发电机A驱动齿圈,转矩通过行星架输送到差速器齿轮,并通过差速器传递至驱动轮;驱动电机B驱动太阳轮,太阳轮驱动行星架的行星齿轮,转矩通过行星架输送到差速器齿轮,并通过差速器传递至驱动轮。

③发动机运行电动驱动模式。在该模式下,发动机运行,并发电机A产生电能以提供电能至驱动电机B,将转矩提供至车轮;同时将多余的电能存储在动力蓄电池中。此时驱动单元内部动力传递形式是,C1离合器将保持行星齿轮组的齿圈处于静止状态,C3离合器将发电机A与发动机相连接。发电机A产生的电能传递给驱动电机B驱动太阳轮,由于齿圈保持静止状态,因此旋转转矩则通过行星架传输到差速器,并通过差速器传输到驱动轮上。

2)并联式混合动力驱动单元的驱动形式与结构原理

并联式混合动力驱动单元是指车辆的驱动力由电机和发动机同时或单独供给的混合动力电动汽车。其结构特点是并联式驱动系统可以单独使用发动机或电机作为动力源,也可以同时使用电机和发动机作为动力源驱动汽车行驶。如本田Insight(图5-1-5)即采用这种形式的动力驱动单元。

图5-1-5 本田Insight混合动力电动汽车及结构

本田Insight并联式混合动力驱动单元的运行模式如图5-1-6所示。

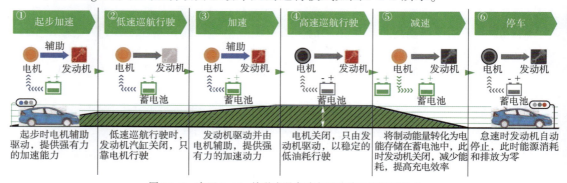

图5-1-6 本田Insight并联式混合动力驱动单元的运行模式

并联式混合动力驱动模式及原理如图5-1-7所示。

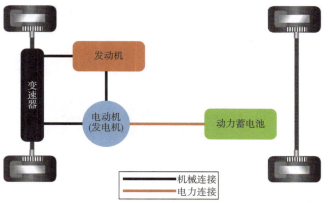

串联汽车靠发动机或者电动机，或者它们二者共同驱动。并联结构保留了变速器，因此可以简单的理解为：普通汽车+电动机=并联。

图 5-1-7　并联式混合动力驱动模式及原理

3）混联式混合动力驱动单元的驱动形式与结构原理

混联式混合动力驱动单元是指同时具有串联式和并联式驱动方式的混合动力电动汽车。其特点是可以在串联式混合模式下工作，也可以在并联式混合模式下工作。混联式混合动力多了动力分离装置，动力一部分用于驱动车轮，另一部分用于发电。如丰田普锐斯（图 5-1-8）即采用这种形式的驱动单元。

图 5-1-8　丰田普锐斯混合动力电动汽车及结构

混联式混合动力驱动模式及原理如图 5-1-9 所示。

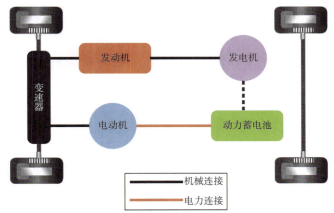

混联在发动机和电动机协同驱动汽车行驶的同时，发动机还能带动发电机为动力蓄电池充电，不再像并联结构中单一电动机需要身兼二职，并且理论上它能够实现发动机带动发电机发电，电动机驱动汽车的模式。当然，两个动力单元也能够单独驱动车辆。

图 5-1-9　混联式混合动力驱动模式及原理

动力驱动单元取代了变速器安装在发动机上,内部的部件主要有电机 MG1 和 MG2、2 个行星齿轮组、差速齿轮和控制离合器(图 5-1-10)。

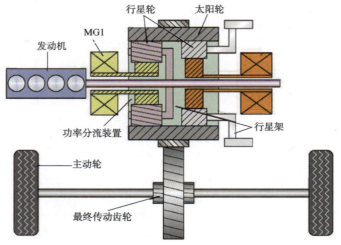

图 5-1-10　动力驱动单元内部结构示意图

行星齿轮机构将内燃机的动力分往两个方向:一部分驱动车轮,另一部分驱动 MG1,使其能作为发电机工作(图 5-1-11)。行星齿轮机构工作原理如图 5-1-12 所示。

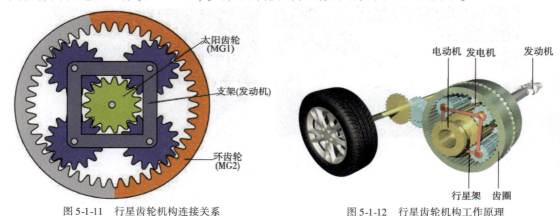

图 5-1-11　行星齿轮机构连接关系　　　　图 5-1-12　行星齿轮机构工作原理

采用混联形式的混合动力电动汽车有以下几种运行模式(以丰田混合动力电动汽车为例)。

(1)车辆停止发动机被起动。

如图 5-1-13 所示,车辆停止时 MG2 处于静止状态,此时发动机停机不工作。当电源控制 ECU 模块监测到 SOC 充电状态过低或电载荷过大不符合条件需要起动发动机时,电源控制 ECU 模块向主 ECU 发出信号控制 MG1 运转,从而起动发动机。MG2 处于静止状态,MG1 驱动太阳轮正向旋转,所以行星架连接发动机作正向减速输出运动,即发动机被起动。在发动机被起动的期间,为防止 MG2 运转,此时 MG2 将接收电流以施加制动。当发动机起动完成后,MG1 的驱动电流会立即被切断,此时 MG2 仍然静止,发动机带动行星架输入太阳轮正向增速输出,即 MG1 被驱动并作为发电机对 HV 蓄电池进行充电。

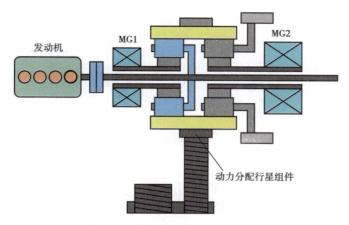

图 5-1-13　车辆停止发动机被起动模式

（2）车辆低负荷工况。

如图 5-1-14 所示，车辆发动机在低负荷工况时处在高油耗、高排放污染区域，而混合动力电动汽车的 EV 模式能够仅利用由 HV 蓄电池向 MG2 提供的电能驱动车辆行驶。此时发动机停机不运行，加速踏板开度不大，MG1 反向旋转但不发电。主 ECU 便控制 HV 蓄电池向 MG1 供电，使其以较低转速正向旋转，从而起动发动机。首先 MG1 的驱动电流会使其停止转动，此时发动机已经正向旋转，车速的高低决定了 MG1 正向旋转的转速大小；然后当电源控制 ECU 模块接收到发动机已经运转的信号后，会立即切断 MG1 的驱动电流，已经起动的发动机带动 MG1 正向旋转，从而将其转换成发电机对 HV 蓄电池进行充电。

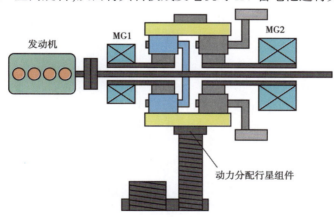

图 5-1-14　车辆低负荷工况模式

（3）车辆正常行驶工况。

如图 5-1-15 所示，车辆在正常行驶状态时，发动机和 MG2 一同驱动。此时发动机能够在最佳工况下运转，一部分动力直接输出到驱动车轮，剩余的动力带动 MG1 作为发电机发电，通过变频器总成一系列的调整和转换电能驱动 MG2，从而输出动力。当 HV 蓄电池的电量少时，发动机输出功率会被提高，带动 MG1 加大发电量向 HV 蓄电池充电。当车辆由正常行驶状态进入巡航状态时，MG1 的转速可以有所下降，这样发动机可以在较低的经济转速下工作，从而提高了车辆的经济性。

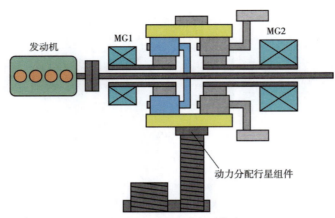

图 5-1-15　车辆正常行驶模式

2. 典型车型混合动力电动汽车动力驱动单元的结构特点

以下以宝马 F18PHEV 混合动力电动汽车为例,介绍高端品牌车型的混合动力驱动单元。

宝马 BMW 530Le 的开发序列代号为 F18PHEV,是一款采用锂离子高压蓄电池的全混合动力电动车辆,可用家用电源插座充电。BMW 530Le 的驱动系统由一台搭载涡轮增压技术的 4 缸汽油发动机(N20B20M0)、一台 8 挡自动变速器(GA8P75HZ)和驱动电机组成。与采用传统方式驱动的 BMW 525Li 四门车相比,F18PHEV 所采用的 Active Hybrid 技术的主要优点在于:在耗油量更低的同时进一步提高了驱动功率。BMW 530Le 百公里加速用时 7.1s,平均耗油量降低到 2.0L/100km,CO_2 排放量降至 49g/km,BMW 530Le 的电驱动装置可以进行纯电动行驶,因此能实现零排放,最高车速为 120km/h,最大电动续驶里程为 58km。

1)F18PHEV 齿形驱动带起动系统

图 5-1-16 所示为齿形驱动带起动系统结构组成。

齿形驱动带起动机产生的转矩通过一根齿形驱动带和一个减振器传输到曲轴上,并通过这种方式起动发动机。为了能可靠传递起动机的转矩,使用一个机械张紧轮。发动机起动后,曲轴自由轮将齿形驱动带起动系统与曲轴分离,这样整个系统在发动机运行期间静止。齿形驱动带设计用于整个车辆使用寿命,无需定期更换。

使用齿形驱动带起动系统可获得以下优势:

(1)发动机起动过程快速、安静、无振动。

(2)发动机可在任何情况下起动。例如,齿形驱动带起动系统可重新起动一个马上要熄火的发动机。这样就可以将发动机的起动与运行策略或行驶状况完美地匹配。

(3)齿形驱动带起动系统具有良好的冷起动和热起动性能。

2)F18PHEV 变速驱动系统

F18PHEV 的 GA8P75HZ 变速器将驱动电机、辅助扭转减振器和分离离合器固定集成在变速器壳体中(图 5-1-17)。这些组件位于飞轮后面。电机、扭转减振器和分离离合器连同飞轮一起共同占据了液压变矩器的安装空间。

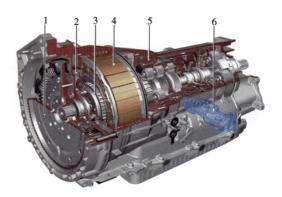

图5-1-16 宝马齿形驱动带起动系统结构组成
1-减振器;2-曲轴自由轮;3-齿形驱动带;4-张紧轮;
5-齿形驱动带起动机

图5-1-17 宝马变速驱动单元结构组成
1-飞轮(包括扭转减振器和离心力摆);2-辅助扭转减振器;3-分离离合器;4-驱动电机;5-多片式制动器;6-电动辅助机油泵

（1）技术数据。技术数据见表5-1-1。

技 术 数 据　　　　　　　　　　表5-1-1

供货商	ZF公司	功率(持续)	32kW,自3100r/min起
最大转矩(＜1s)	250N·m,在0～2700r/min下	效率最高	96%
转矩(持续)	98N·m,在0～3100r/min下	最大电流	450A
最大功率(＜10s)	70kW,自2700r/min起	工作转速范围	－7200r/min

（2）安装位置与结构。安装位置与结构如图5-1-18所示。

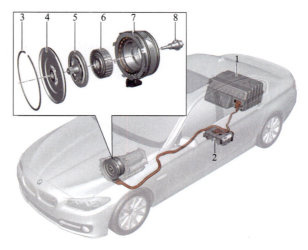

图5-1-18 变速器安装位置及相关部件位置
1-高压蓄电池;2-驱动电机控制器;3-防松环;4-电机盖板;5-辅助扭转减振器;6-分离离合器;7-驱动电机;8-空心轴

（3）驱动电机组成。F18PHEV中的混合动力系统属于并联式混合动力系统,发动机和驱动电机均与驱动轮机械连接。车辆驱动时,两个驱动系统既能单独使用也能同时使用。驱动电机主要组件有转子和定子、高压接口、转子位置传感器及冷却装置。

①转子与定子。驱动电机内部结构如图 5-1-19 所示。F18PHEV 中的驱动电机结构采用内部转子的形式。"内部转子"表示带永久磁铁的转子呈环形排布在内部。产生旋转场的绕组位于外部并构成定子。F18PHEV 的电机有 8 对极偶。定子固定在转子空心轴上的一个凸缘上方,空心轴与变速器输入轴相嵌连接。

②高压接口。电机高压接口结构如图 5-1-20 所示。通过高压接口给电机的绕组输送电能。高压接口通过一根屏蔽式三相高压导线将驱动电机控制器与电机连接。高压插头旋接在驱动电机控制器和电机上。

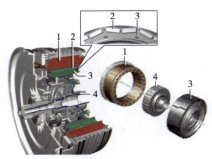

图 5-1-19 驱动电机内部结构
1-定子;2-永久磁铁;3-转子;4-带分离离合器外壳的空心轴

③转子位置传感器(旋转变压器)。转子位置传感器结构如图 5-1-21 所示。为了驱动电机控制器能正确计算定子绕组电压的振幅和相位并正确生成电压,必须知道转子的确切位置,转子位置传感器承担这个任务。转子位置传感器带有一个特殊外形的转子以及一个定子,转子连接电机的转子,定子连接电机的定子。驱动电机控制器评估通过转子旋入定子绕组而生成的相电压并计算出转子位置角度。

图 5-1-20 电机高压接口结构
1-高压接口;2-高压连接器

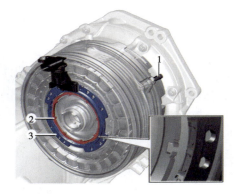

图 5-1-21 转子位置传感器结构
1-温度传感器;2-转子位置传感器转子;3-转子位置传感器定子

任务实施

(一)工作准备

(1)防护装备:常规实训着装。

(2)车辆、台架、总成:普锐斯混合动力电动汽车,混合动力驱动单元挂图、模型,能连接互联网的电脑或移动终端。

(3)专用工具、设备:无。

(4)手工工具:无。

(5)辅助材料:维修手册及相关技术资料。

（二）实施步骤

1. 混合动力驱动单元类型和特点认知

参观实训室中的混合动力驱动单元挂图、模型；检索资料，网上搜索或走访周边汽车销售门店，了解混合动力驱动单元的类型和特点。

2. 混联式混合动力驱动单元运行模式认知

参照"相关知识"的内容，对照实车或台架，分析混联式混合动力驱动单元的运行模式。
1）车辆停止发动机被起动
分析发动机和电机的工作情况。
2）车辆低负荷工况
分析发动机和电机的工作情况。
3）车辆正常行驶工况
分析发动机和电机的工作情况。

学习测试

1. 填空题

（1）根据发动机与电力之间连接的方式，可以将混合动力电动汽车分为_____式混合动力电动汽车、_____式混合动力电动汽车以及_____式混合动力电动汽车3种形式。

（2）串联式动力驱动单元运行时有3种运行模式，即_____驱动形式、_____驱动形式、_____驱动形式。

（3）并联式混合动力驱动单元是指车辆的驱动力由电机和发动机_____或_____供给的混合动力电动汽车。

（4）混联式混合动力驱动单元是指同时具有_____式和_____式驱动方式的混合动力电动汽车。

（5）普锐斯混合动力电动汽车停止时，MG2电机处于_____状态，此时发动机停机不工作。

2. 判断题

（1）串联式混合动力驱动单元是指车辆的驱动力只来源于发动机的混合动力电动汽车。（　　）

（2）在纯电动单电机驱动形式下，发动机是处于关闭的状态，仅由电机驱动车辆。（　　）

（3）并联式混合动力驱动单元车辆的驱动力只能由电机和发动机同时供给的混合动力电动汽车。（　　）

（4）混联式混合动力多了动力分离装置，动力一部分用于驱动车轮，另一部分用于发电。（　　）

（5）混联式混合动力车辆在正常行驶状态时，发动机关闭，MG2电机驱动车辆。（　　）

3. 单项选择题

（1）在混合动力电动汽车中，连接发动机与电力驱动的重要部件的是（　　）。
　　A. 驱动电机　　　　　B. 动力驱动单元　　　C. 变速器　　　　　D. 传动轴

（2）"增程式"混合动力电动汽车动力驱动单元的驱动形式是（　　）。
　　A. 串联　　　　　　　B. 并联　　　　　　　C. 混联　　　　　　D. 都不是

（3）在并联式混合动力电动汽车运行模式中，加速是（　　）。
　　A. 发动机关闭，只靠电机驱动　　　　　B. 发动机驱动，电机关闭
　　C. 发动机和电机同时驱动　　　　　　　D. 发动机及电机都关闭

（4）在丰田混合动力电动汽车中，作为发电机发电的电机是（　　）。
　　A. MG1　　　　　　　B. MG2　　　　　　　C. MG1 和 MG2　　　D. 都不是

（5）以下属于宝马 F18PHEV 变速驱动单元部件组成的是（　　）。
　　A. 飞轮　　　　　　　B. 分离离合器　　　　C. 驱动电机　　　　D. 以上都是

任务2　纯电动汽车动力驱动单元结构原理认知

提出任务

作为新能源汽车专业的售后服务人员，你知道纯电动汽车动力驱动单元的结构特点吗？

任务要求

知识要求

1. 能够描述纯电动汽车动力驱动单元的功能；
2. 能够描述纯电动汽车动力驱动单元的驱动形式；
3. 能够描述典型纯电动汽车驱动单元的结构和特点。

能力要求

能够检索资料，归纳并描述纯电动汽车各种驱动形式的结构和特点。

素质要求

1. 培养良好的职业道德和工匠精神；

2. 培养安全意识和团队协作精神；
3. 培养自我管理和自主学习能力。

相关知识

1. 纯电动汽车动力驱动单元概述

1）纯电动汽车动力驱动单元的功能

与混合动力电动汽车相比，纯电动汽车动力驱动单元（图 5-2-1）结构更加简单，没有混合动力电动汽车驱动单元内部需要兼顾发动机与电力驱动两个动力的复杂连接结构。

纯电动汽车动力驱动单元内部主要包括一个大功率的驱动电机和用于将电机进行减速的行星齿轮减速机构，或者其他形式的减速齿轮机构，同时根据动力驱动单元的设计不同，有的车辆动力驱动单元还包括差速机构。

纯电动汽车动力驱动单元是电动汽车的核心，动力驱动单元应符合下列要求：

图 5-2-1 纯电动汽车驱动电机单元结构示意图

（1）瞬时功率大，短时过载能力强，以满足爬坡及加速的需要。

（2）调速范围宽广。

（3）在运行的全部速度范围和负载范围内，具有较高的效率。也就是在电机所有工作范围内综合效率高，以尽量提高电动汽车一次续驶里程。

（4）可靠性高，使用方便简单，价格低廉。

（5）功率密度高，体积小，质量轻。

动力驱动单元的功能是将储存在动力蓄电池中的电能高效地转化为车轮的动能进而推进车辆行驶，并能够在减速制动或者下坡时，实现再生制动。

纯电动汽车动力驱动单元直接将电机的驱动转矩传给汽车的驱动轴。因为电机可以带负载启动，所以纯电动汽车上无须传统汽车的离合器。并且电机的转向可以通过电路控制来实现变换，因此纯电动汽车也无须传统变速器中的倒挡。当采用电机进行无级调速控制时，可以省去传统汽车的变速器。在采用电动车轮驱动时，也可以省去传统汽车传动系统的差速器。

2）纯电动汽车驱动单元驱动形式

针对驱动轮所施加驱动转矩的来源，纯电动汽车所采用的驱动方式总体上可分为两种：集中驱动和车轮独立驱动。

（1）集中驱动利用一个动力源通过变速器和减速器（或只通过减速器）进行降速增扭，最后经差速器将驱动转矩大致平均地分配给左右驱动半轴，可以采用前轮驱动、后轮驱动或四轮驱动的形式，其结构如图 5-2-2 所示。

（2）车轮独立驱动是只利用多个动力源分别驱动单个车轮，可以分为两轮独立驱动和四轮独立驱动，其结构如图 5-2-3 所示。

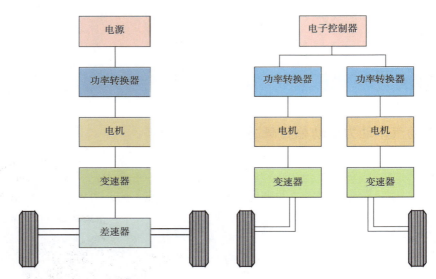

图 5-2-2 集中驱动形式　　　　图 5-2-3 车轮独立驱动形式

集中驱动和车轮独立驱动优缺点的比较见表 5-2-1。

集中驱动和车轮独立驱动优缺点比较　　　　表 5-2-1

项目	集中驱动	独立驱动
成本	较低	较高
体积	笨重	分散
质量	集中	分散
效率	较低	较高
差速方式	机械式	电子式

2. 典型纯电动汽车动力驱动单元的结构特点

以下以比亚迪 e6 和宝马 i3 纯电动汽车为例,介绍纯电动汽车动力驱动单元的结构特点。其他车型可以参考相应车型的维修手册及技术资料。

1）比亚迪 e6 纯电动汽车动力驱动单元的结构特点

（1）部件位置及功能说明。

比亚迪 e6 的动力驱动单元（动力总成）安装在前机舱内,如图 5-2-4 所示。动力驱动单元由驱动电机和变速器组成。驱动电机运转时,输出的动力经齿轮减速机构（即单挡变速器）直接传递给传动轴。

图 5-2-4　比亚迪 e6 动力驱动单元（动力总成）

（2）动力驱动单元结构图。

比亚迪 e6 动力驱动单元的结构如图 5-2-5 所示。

图 5-2-5 比亚迪 e6 动力驱动单元的结构

动力驱动单元的分解如图 5-2-6 所示。

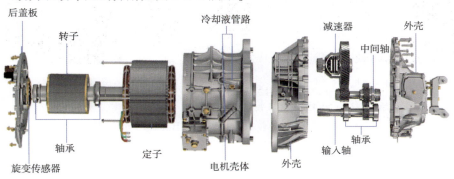

图 5-2-6 比亚迪 e6 动力驱动单元的分解图

动力驱动单元结构组成如图 5-2-7 所示。

（3）动力驱动单元组成部件。

①驱动单元前壳体，如图 5-2-8 所示。

②减速齿轮，如图 5-2-9 所示。

③旋变传感器（解角器），如图 5-2-10 所示。

④电机定子线圈，如图 5-2-11 所示。

⑤驱动电机转子，如图 5-2-12 所示。

纯电动汽车减速器结构

图 5-2-8 比亚迪 e6 驱动单元前壳体　　图 5-2-9 比亚迪 e6 驱动单元减速齿轮

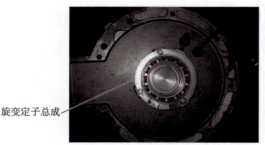 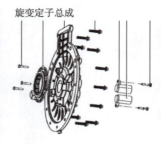 

图 5-2-10　比亚迪 e6 旋变传感器

 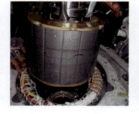 

图 5-2-11　比亚迪 e6 驱动电机定子线圈　　　　图 5-2-12　比亚迪 e6 驱动电机转子

2）宝马 i3 纯电动汽车动力驱动单元的结构特点

BMW i3 是全球首款豪华纯电动汽车，是兼具了典型的 BMW 驾驶乐趣以及零排放特性的电驱动车型。i3 采用 Life Drive 结构的独特车型架构，包括碳结构的乘员区以及驱动系统、高电压蓄电池和底盘的铝合金模块。电机、供电电子装置以及高电压蓄电池也均由 BMW eDrive 项目框架内自行研发而成。

以下介绍 BMW i3 纯电动汽车动力驱动单元各部件的特点。

（1）驱动电机。

BMW i3 的驱动电机最大功率为 125kW，最大转矩为 250N·m，质量约 49kg，转速范围超过 11000r/min。该电机不仅可以作为电动机使用，也可以作为发电机使用。从车辆动能中回收利用的电能，可以用于行驶期间为高电压蓄电池充电（制动能量回收利用）。

①驱动电机结构。图 5-2-13 是 i3 驱动电机的结构图，图中只展示了定子不带绕组的部分。电机转子的永久磁铁采用全新布置方式，其挡板套件对磁力线的走向可产生有利影响。这样一方面提高了转矩，另一方面可使定子绕组内的电流强度较低，因此与传统同步电机相比效率较高。转子由一个质量经过优化且位于内部部件内的托架、一个挡板套件和布置在两个位置的永久磁铁组成。因此可提高电机产生的转矩。转子热压在驱动轴上，通过六个极对同时实现了结构复杂性以及每圈尽可能恒定的转矩曲线。

②润滑及冷却系统。BMW i3 驱动电机无需加注机油，仅对两个包含油脂的深槽球轴承进行润滑。通过从驱动电机控制器（管理模块）输出端输送至电机的冷却液进行电机冷却，在电机内冷却液流过布置在外侧的螺旋形冷却通道，壳体末端的两个 O 形环密封冷却通道，因此电机内部完全"干燥"。图 5-2-14 是 i3 驱动电机的冷却系统结构图。

电机设计用于较大温度范围。输入端（供给）处冷却液温度最高可能达到 70℃。虽然能量转换时电机损失比内燃机小，但其壳体温度最高可能达到 100℃。

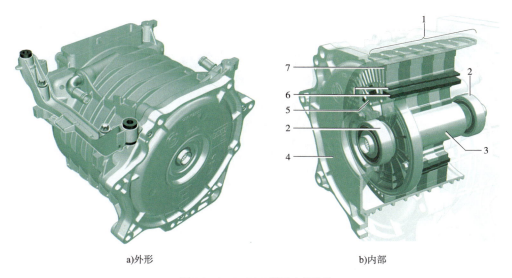

图 5-2-13　BMW i3 驱动电机结构

1-冷却通道;2-深槽球轴承;3-驱动轴;4-内部壳体;5-转子内的挡板套件;6-转子内的永久磁铁;7-定子挡板套件

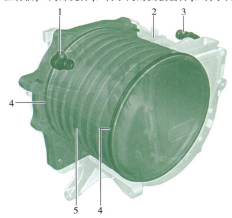

图 5-2-14　驱动电机冷却系统结构图

1-冷却液管路接口(电机输入端,来自驱动电机控制器);2-外部壳体;3-冷却液管路接口(电机输出端,来自冷却液散热器);4-O 形环;5-冷却通道

③转子位置传感器(旋转变压器)。如图 5-2-15 是电机转子位置传感器。转子位置传感器固定在电机定子上,依据旋转变压器原理工作。在转子位置传感器内有 3 个线圈,在其中 1 个线圈上存储规定交流电压,另外 2 个线圈彼此错开 90°。在这些线圈内产生的感应电压表示转子的角度位置。转子位置传感器由电机制造商安装并进行相应调整,因此原则上已正确校准。在制造期间准确校准转子位置传感器,之后将电机与驱动电机控制器组装在一起。校准值存储在驱动电机控制器的控制单元内。

④外部特征和机械接口。驱动电机与外部接口部件如图 5-2-16 所示。

(2)驱动单元。

图 5-2-17 是驱动单元的结构图。电机和变速器安装在驱动后桥的附近,采用后轮驱动方式,前桥不会受到驱动影响。

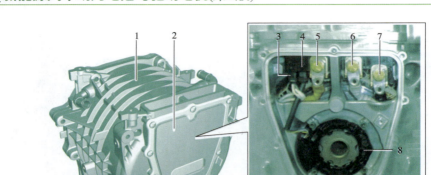

图 5-2-15 驱动电机转子位置传感器

1-外部壳体;2-壳体盖;3-转子位置传感器接口;4-定子内的温度传感器;5-高电压接口 U;6-高电压接口 V;7-高电压接口 W;8-转子位置传感器

图 5-2-16　驱动电机外部接口部件

1-驱动电机控制器支撑结构;2-冷却液管路接口(电机输出端,接冷却液散热器);3-驱动电机控制器的电气连接插槽;4-外部壳体;5-冷却液管路接口(电机输入端,接驱动电机控制器);6-用于与变速器机械连接的开孔或螺纹;7-驱动轴;8-稳定杆连杆连接

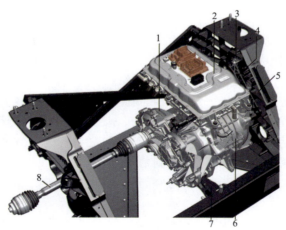

图 5-2-17　驱动单元

1-变速器;2-驱动电机控制器;3-支撑臂轴承;4-支撑臂;5-后桥部件;6-驱动电机;7-稳定杆连杆;8-右侧半轴

（3）驱动电机控制器。

驱动电机控制器（驱动电机管理模块，PCU）是将高电压蓄电池的直流电压（最高约400V）转换为用于控制电机（作为电机）的三相交流电压（最高约360V）。反之，当电机作为发电机使用时，驱动电机控制器将电机的三相交流电压转换为直流电压，从而为高电压蓄电池充电。该过程在制动能量回收利用期间进行。对于这两种运行方式来说都需使用双向DC/AC变换器，该变换器可作为逆变器和直流整流器工作。控制系统通过同样集成在驱动电机控制器内的DC/DC变换器来确保为12V车载网络供电。驱动电机控制器安装位置如图5-2-18所示。

图5-2-18 驱动电机控制器安装位置
1-行李舱饰板；2-端盖；3-端盖的固定螺栓；4-驱动电机控制器；5-密封垫

驱动电机控制器上的接口可分为低电压接口、高电压接口、电位补偿导线接口、冷却液管路接口4个类别，如图5-2-19所示。

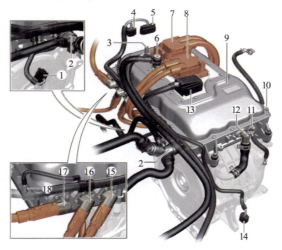

图5-2-19 驱动电机控制器主要接口
1-驻车锁模块内的电机供电和接驻车锁模块的信号导线；2-冷却液管路（接驱动电机控制器）；3-DC/DC变换器的12V输出端；4-低电压插头1；5-低电压插头2；6-DC/DC变换器+12V输出端；7-接高电压蓄电池的高电压导线（DC）；8-接增程器逆变器的高电压导线（DC）；9-接驱动电机控制器壳体；10-电位补偿导线接口1；11-电位补偿导线接口2；12-冷却液管路（回流，驱动电机管理模块，至电机）；13-逆变器低电压信号连接器；14-低电压连接器；15-接电动制冷剂压缩机的高电压导线；16-接电气加热装置的高电压导线；17-用于交流电充电的高电压导线；18-搭铁线接口

驱动电机控制器内部由3个子组件构成：即双向DC/AC变换器、单向AC/DC变换器、DC/DC变换器和逆变器控制单元。通过上述子组件执行以下功能：

①通过驱动电机控制器控制内部子组件。
②通过DC/DC变换器为12V车载网络供电。
③通过DC/AC变换器控制电机（转速，转矩）。
④高电压电源管理系统。

⑤接通驱动电机。
⑥接通高电压蓄电池。
⑦在静态运行模式下为高电压蓄电池充电。
⑧接通便捷充电电子装置。
⑨接通电动制冷剂压缩机。
⑩接通电气加热装置。
⑪接通增程驱动电机管理模块。
⑫与其他控制单元通信。
⑬冷却驱动电机管理模块。
⑭分析电动机械式驻车锁的传感器。
⑮控制电动机械式驻车锁。
⑯控制电动真空泵。
⑰中间电路电容器主动和被动放电到电压低于60V。
⑱针对高电压触点监控主动分析信号(高电压互锁)。
⑲自检和诊断功能。

任务实施

(一)工作准备

(1)防护装备:常规实训着装。
(2)车辆、台架、总成:北汽新能源纯电动汽车、比亚迪 e6 纯电动汽车驱动单元总成及部件,纯电动汽车驱动单元挂图、模型,能连接互联网的电脑或移动终端。
(3)专用工具、设备:无。
(4)手工工具:无。
(5)辅助材料:无。

(二)实施步骤

1.纯电动汽车驱动单元类型和特点认知

参观实训室中的纯电动汽车动力驱动单元挂图、模型;检索资料,网上搜索或走访周边汽车销售门店,了解纯电动汽车动力驱动单元的类型和特点。

2.典型纯电动汽车驱动单元的结构特点

根据实训室的装备,认识纯电动汽车驱动单元的结构特点。
(1)比亚迪 e6 纯电动汽车驱动单元结构认知。
(2)北汽新能源纯电动汽车驱动单元结构认知。
(3)其他纯电动汽车驱动单元结构认知。

学习测试

1. 填空题

(1)纯电动汽车驱动单元内部主要包括一个大功率的_____和_____机构,同时根据驱动单元的设计不同,有的车辆驱动单元还包括有_____机构。

(2)纯电动汽车驱动单元能够在汽车_____或者_____时,实现再生制动。

(3)针对驱动轮所施加驱动转矩的来源,电动车辆所采用的驱动方式总体上可分为两种:_____和_____驱动。

(4)纯电动汽车驱动电机运转时,动力经齿轮减速机构(即_____变速器)直接传递给_____。

(5)BMW i3 电机转子位置传感器固定在电机_____上,依据_____原理工作。

2. 判断题

(1)与混合动力电动汽车相比,纯电动汽车驱动单元结构要更加复杂。( )

(2)因为电机可以带负载启动,所以电动汽车上无须传统汽车的离合器。( )

(3)车轮独立驱动可以分为一轮独立驱动和两轮独立驱动。( )

(4)比亚迪 e6 动力总成由发动机和多挡变速器组成。( )

(5)BMW i3 驱动电机无需加注机油润滑。( )

3. 单项选择题

(1)纯电动汽车动力驱动单元应符合的要求包括( )。
  A. 瞬时功率大,短时过载能力强
  B. 调速范围宽广,可靠性高,功率密度高
  C. 在运行的全部速度范围和负载范围内,具有较高的效率
  D. 以上都是

(2)纯电动汽车集中驱动不能采用的驱动形式是( )。
  A. 前轮驱动   B. 后轮驱动   C. 四轮驱动   D. 四轮独立驱动

(3)纯电动汽车驱动电机运转时,输出的动力经( )直接传递给传动轴。
  A. 自动变速器   B. 单挡变速器   C. 差速器   D. 飞轮

(4)比亚迪纯电动汽车动力驱动单元中,与驱动电机转子内花键配合的部件是( )。
  A. 变速器输出轴内花键   B. 变速器输出轴外花键
  C. 变速器输入轴外花键   D. 变速器输入轴内花键

(5)宝马 i3 纯电动汽车采用的驱动方式是( )。
  A. 前轮驱动   B. 后轮驱动   C. 四轮驱动   D. 独立驱动

参 考 文 献

[1] 邹国荣,程明.电动汽车的新型驱动技术[M].北京:机械工业出版社,2010.
[2] 王志福,张承宁.电动汽车驱动理论与设计[M].北京:机械工业出版社,2012.
[3] 赵立军,佟钦智.电动汽车结构与原理[M].北京:北京大学出版社,2012.
[4] 王贵明,王金懿.电动汽车及其性能优化[M].北京:机械工业出版社,2010.
[5] 何洪文.电动汽车原理与构造[M].北京:机械工业出版社,2012.
[6] 吴荣辉.新能源汽车结构原理与检修[M].北京:机械工业出版社,2021.
[7] 吴荣辉.新能源汽车认知与应用[M].北京:机械工业出版社,2021.

新能源汽车动力电池与驱动电机
（第2版）

任务工单

专业：_____

班级：_____

学号：_____

姓名：_____

人民交通出版社股份有限公司

北京

目录

项目一 动力蓄电池结构原理与检修 ··· 1
- 任务1 动力蓄电池结构原理认知 ··· 1
- 任务2 动力蓄电池检修 ··· 4

项目二 动力蓄电池管理系统结构原理与检修 ····································· 7
- 任务1 动力蓄电池管理系统结构原理认知 ······································· 7
- 任务2 动力蓄电池管理系统检修 ·· 11

项目三 驱动电机结构原理与检修 ··· 14
- 任务1 驱动电机结构原理认知 ·· 14
- 任务2 驱动电机检修 ··· 18

项目四 驱动电机管理系统结构原理与检修 ······································· 22
- 任务1 驱动电机管理系统结构原理认知 ··· 22
- 任务2 驱动电机管理系统检修 ·· 25

项目五 动力驱动单元结构原理认知 ·· 29
- 任务1 混合动力电动汽车动力驱动单元结构原理认知 ······························ 29
- 任务2 纯电动汽车动力驱动单元结构原理认知 ···································· 32

项目一　动力蓄电池结构原理与检修

任务1　动力蓄电池结构原理认知

学生姓名		班级		学号	
实训场地		学时		日期	
客户任务	作为新能源汽车专业的学生,你能够正确区分一辆电动汽车动力蓄电池的类型和工作原理吗?你的主管让你更换动力蓄电池总成,必要时进行动力蓄电池分解检修,你能完成这个任务吗				
工作准备	(1)防护装备:绝缘安全防护装备。 (2)车辆、台架、总成:北汽 EV160、荣威 E50、比亚迪 e6 或其他纯电动汽车。 (3)专用工具、设备:双柱龙门举升机,动力蓄电池举升机(托架),专用测试仪。 (4)手工工具:绝缘组合工具。 (5)辅助材料:警示标识和设备,绝缘地胶,清洁剂				
任务要求	(1)能够进行动力蓄电池总成的拆卸与安装。 (2)能够进行动力蓄电池的分解与组装				

请阅读教材中的"相关知识",完成以下内容。
(1)描述:动力蓄电池的定义、作用、安装位置、使用要求、安全要求。

_____
_____

(2)描述:动力蓄电池的类型与特点。

_____
_____

(3)描述:动力蓄电池的参数。

_____
_____

(4)描述:动力蓄电池的结构组成。

_____
_____

计划和决策

请根据任务要求,确定所需要的场地和物品,并对小组成员进行合理分工,制订详细的工作计划。

一 制订人员分工

小组编号:_____ 组长:_____
小组成员:_____
你的任务:_____

二 准备场地及物品

检查并记录完成任务需要的场地、设备、工具及材料。

1. 场地

检查工作场地是否清洁及存在安全隐患,如不正常,请汇报老师并及时处理。
记录:_____

2. 车辆、充电桩、总成、工件

(1)车辆:_____
(2)充电桩:_____
(3)其他:_____

3. 设备及工具

(1)防护装备:_____
(2)设备及工具:_____

4. 安全要求及注意事项

(1)实训汽车停在实训工位上,没有经过老师批准不可起动,经老师批准后起动,首先应先检查车轮的安全顶块是否放好,驻车制动器是否拉好,换挡杆是否放在 P 挡(A/T),确认车前没有人;
(2)禁止触碰任何带安全警示标识的部件;
(3)实训期间禁止嬉戏打闹。

三 制订工作方案

根据任务,小组进行讨论,确定工作方案(流程/工序),并记录。

_____
_____
_____

实施和检查

根据制订的计划实施,完成以下任务并记录。

1. 动力蓄电池操作前准备

准备情况记录:_____

_____

2. 动力蓄电池组拆卸与安装

本操作任务主要完成对纯电动汽车动力电池组的拆卸与安装。

1)拆卸

拆卸记录:_____

2)安装

安装记录:_____

3. 动力蓄电池组分解与组装

本操作任务主要完成对纯电动汽车动力电池组的分解与组装。

1)分解前工位准备

准备情况记录:_____

2)分解

分解记录:_____

3)组装

组装记录:_____

4)组装后续检查及完善

检查记录:_____

评估

根据任务完成情况,学生自我评分,教师或指定组长过程巡视/验收检查时,若发现问题直接扣分。

评估项目(分值)	自我评估	小组评估	教师评估
资讯(5)			
计划和决策(5)			
实施和检查(10)			
合计(20)			
总评			

教师签名:_____

任务 2　动力蓄电池检修

学生姓名		班级		学号	
实训场地		学时		日期	
客户任务	动力蓄电池会像手机蓄电池一样因长时间充电而发烫吗？如果动力蓄电池出现故障，你能使用现有的专业工具正确检测蓄电池单元(单体)的性能参数吗				
工作准备	(1)防护装备：绝缘安全防护装备。 (2)车辆、台架、总成：荣威 E50 或其他车型纯电动汽车，北汽新能源或其他车型动力电池总成。 (3)专用工具、设备：补电机(充放电测试仪)，故障诊断仪。 (4)手工工具：绝缘组合工具。 (5)辅助材料：警示标识和设备，专用的冷却液				
任务要求	(1)能够使用检测仪器进行动力蓄电池性能检测与维护。 (2)能够进行动力蓄电池热管理系统的冷却液排空、加注与部件更换				

请阅读教材中的"相关知识"，完成以下内容。
(1)描述蓄电池的性能指标。

(2)比较 3 种常见的车用蓄电池参数，哪一种蓄电池目前应用最广泛？哪一种蓄电池前景更广阔？说明原因。

(3)如何对动力蓄电池进行性能检测？

(4)描述动力蓄电池常见的检测方法，说明这些检测方法的特点。

(5)描述水冷式动力蓄电池热管理系统的结构原理。

(6)描述风冷式动力蓄电池热管理系统的结构原理。

计划和决策

请根据任务要求,确定所需要的场地和物品,并对小组成员进行合理分工,制订详细的工作计划。

一 制订人员分工

小组编号:_____ 组长:_____
小组成员:_____
你的任务:_____

二 准备场地及物品

检查并记录完成任务需要的场地、设备、工具及材料。

1. 场地
检查工作场地是否清洁及存在安全隐患,如不正常,请汇报老师并及时处理。
记录:_____

2. 车辆、充电桩、总成、工件
(1) 车辆:_____
(2) 充电桩:_____
(3) 其他:_____

3. 设备及工具
(1) 防护装备:_____
(2) 设备及工具:_____

4. 安全要求及注意事项
(1) 实训汽车停在实训工位上,没有经过老师批准不可起动,经老师批准后起动,首先应先检查车轮的安全顶块是否放好,驻车制动器是否拉好,换挡杆是否放在 P 挡(A/T),确认车前没有人;
(2) 禁止触碰任何带安全警示标识的部件;
(3) 实训期间禁止嬉戏打闹。

三 制订工作方案

根据任务,小组进行讨论,确定工作方案(流程/工序),并记录。

_____
_____

实施和检查

根据制订的计划实施,完成以下任务并记录。

1. 动力蓄电池性能检测与维护

本任务主要以北汽新能源 EV 系列动力蓄电池为例,介绍使用专用仪器对动力蓄电池执行技术检查与充电的操作步骤。

1)注意事项阅读及准备
完成情况记录:_____

2)操作步骤
参照"任务实施"内容,进行动力蓄电池补电操作。
操作记录:_____

2. 动力蓄电池热管理系统的冷却液排空、加注与部件更换

根据实训室的车辆配置,对新能源汽车(以上汽荣威 E50 纯电动汽车为例)动力蓄电池热管理系统进行冷却液的排空与加注,以及电动冷却液泵的拆装。

1)动力蓄电池冷却液的排空与加注
完成情况记录:_____

2)动力蓄电池电动冷却液泵的拆卸与安装
完成情况记录:_____

 评估

根据任务完成情况,学生自我评分,教师或指定组长过程巡视/验收检查时,若发现问题直接扣分。

评估项目(分值)	自我评估	小组评估	教师评估
资讯(5)			
计划和决策(5)			
实施和检查(10)			
合计(20)			
总评			

教师签名:_____

项目二　动力蓄电池管理系统结构原理与检修

任务1　动力蓄电池管理系统结构原理认知

学生姓名		班级		学号	
实训场地		学时		日期	
客户任务	一辆电动汽车的仪表无法显示动力蓄电池电量,诊断结果为动力蓄电池管理系统 BMS 模块无法通信,需要进行更换。你能完成这个任务吗					
工作准备	(1)防护装备:绝缘安全防护装备。 (2)车辆、台架、总成:北汽新能源纯电动汽车、荣威 E50,或其他同类纯电动汽车。 (3)专用工具、设备:无。 (4)手工工具:绝缘拆装组合工具。 (5)辅助材料:警示标识和设备,清洁剂					
任务要求	(1)能够进行动力蓄电池管理系统的更换。 (2)能够认识典型车型动力蓄电池管理系统的位置及功能					

资讯

请阅读教材中的"相关知识",完成以下内容。
(1)描述:动力蓄电池管理系统的定义。
_____
_____

(2)描述:动力蓄电池管理系统的控制功能。
_____
_____

(3)描述:动力蓄电池管理系统的结构组成。
_____
_____

(4)描述:动力蓄电池管理系统的工作模式。
_____
_____

计划和决策

请根据任务要求,确定所需要的场地和物品,并对小组成员进行合理分工,制订详细的工作计划。

新能源汽车动力电池与驱动电机(第2版)任务工单

一　制订人员分工

小组编号：_____　组长：_____
小组成员：_____
你的任务：_____

二　准备场地及物品

检查并记录完成任务需要的场地、设备、工具及材料。

1. 场地

检查工作场地是否清洁及存在安全隐患，如不正常，请汇报老师并及时处理。
记录：_____

2. 车辆、充电桩、总成、工件

(1) 车辆：_____
(2) 充电桩：_____
(3) 其他：_____

3. 设备及工具

(1) 防护装备：_____
(2) 设备及工具：_____

4. 安全要求及注意事项

(1) 实训汽车停在实训工位上，没有经过老师批准不可起动，经老师批准后起动，首先应先检查车轮的安全顶块是否放好，驻车制动器是否拉好，换挡杆是否放在P挡(A/T)，确认车前没有人；
(2) 禁止触碰任何带安全警示标识的部件；
(3) 实训期间禁止嬉戏打闹。

三　制订工作方案

根据任务，小组进行讨论，确定工作方案(流程/工序)，并记录。

_____
_____
_____
_____
_____

实施和检查

根据制订的计划实施,完成以下任务并记录。

1. 北汽新能源 EV 系列车型动力蓄电池管理系统拆装

1)BMS 模块更换

操作记录:_____

_____

2)高压继电器更换与安装

操作记录:_____

_____

2. 荣威 E50 动力蓄电池管理系统认知

参观实训室中荣威 E50 的整车或台架,认识动力蓄电池管理系统的元件位置、控制原理、工作参数和功能。

1)动力蓄电池管理系统的元件位置记录

_____

_____

2)画出动力蓄电池管理系统的控制框图

3)动力蓄电池管理系统的功能记录

_____

_____

3. 比亚迪 e6 动力蓄电池管理系统认知

参观实训室中比亚迪 e6 的整车或台架,认识动力蓄电池管理系统的功能与安装位置、工作原理、故障检测与自我保护功能。

1)动力蓄电池管理系统的元件位置记录

_____

_____

2)画出动力蓄电池管理系统的控制框图

3)动力蓄电池管理系统的故障诊断与自我保护功能记录
_____
_____
_____

根据任务完成情况,学生自我评分,教师或指定组长过程巡视/验收检查时,若发现问题直接扣分。

评估项目(分值)	自 我 评 估	小 组 评 估	教 师 评 估
资讯(5)			
计划和决策(5)			
实施和检查(10)			
合计(20)			
总评			

教师签名:_____

任务 2　动力蓄电池管理系统检修

学生姓名		班级		学号	
实训场地		学时		日期	
客户任务	一辆北汽新能源 EV160 纯电动汽车出现无法行驶的故障，你的主管初步判断是动力蓄电池管理系统方面的问题，要求你利用诊断仪器进行进一步诊断，你能完成这个任务吗					
工作准备	(1) 防护装备：常规实训着装。 (2) 车辆、台架、总成：北汽新能源纯电动汽车，荣威 E550 混合动力电动汽车，或其他同类新能源车型。 (3) 专用工具、设备：北汽新能源动力电池 BMS 系统专用软件，上汽荣威专用故障诊断仪。 (4) 手工工具：组合拆装工具。 (5) 辅助材料：无				
任务要求	(1) 能够根据流程与规范进行动力蓄电池管理系统检测。 (2) 能够进行动力蓄电池管理系统数据流读取和分析				

 资讯

请阅读教材中的"相关知识"，完成以下内容。
(1) 描述：动力蓄电池管理系统采集哪些参数。

_____

(2) 描述：动力蓄电池管理系统故障症状及对整车的影响进行分析。

_____

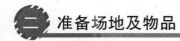 计划和决策

请根据任务要求，确定所需要的场地和物品，并对小组成员进行合理分工，制订详细的工作计划。

一　制订人员分工

小组编号：_____　　　组长：_____
小组成员：_____
你的任务：_____

二　准备场地及物品

检查并记录完成任务需要的场地、设备、工具及材料。

1. 场地

检查工作场地是否清洁及存在安全隐患,如不正常,请汇报老师并及时处理。

记录：_____

2. 车辆、充电桩、总成、工件

(1) 车辆：_____

(2) 充电桩：_____

(3) 其他：_____

3. 设备及工具

(1) 防护装备：_____

(2) 设备及工具：_____

4. 安全要求及注意事项

(1) 实训汽车停在实训工位上,没有经过教师批准不可起动,经教师批准后起动,首先应先检查车轮的安全顶块是否放好,驻车制动器是否拉好,换挡杆是否放在 P 挡（A/T）,确认车前没有人；

(2) 禁止触碰任何带安全警示标识的部件；

(3) 实训期间禁止嬉戏打闹。

三 制订工作方案

根据任务,小组进行讨论,确定工作方案（流程/工序）,并记录。

_____
_____
_____
_____
_____

实施和检查

根据制订的计划实施,完成以下任务并记录。

1. 动力蓄电池管理系统 EV03 监控软件使用流程与规范

操作记录：_____

2. 动力蓄电池管理系统数据流读取和分析

对荣威 E550 动力蓄电池管理系统的基本参数,重点分析动力蓄电池的温度监控和电压监控。

1) 温度监控数据流

操作过程记录：_____

读取温度监控相关的数据流,如果发现异常,则将异常数据填写下表。

参 数 名 称	数　　值	单　位	控制模块	异常原因及处理方法

2)电压监控数据流

操作过程记录:_____

读取电压监控相关的数据流,如果发现异常,则将异常数据填写下表。

参 数 名 称	数　　值	单　位	控制模块	异常原因及处理方法

评估

根据任务完成情况,学生自我评分,教师或指定组长过程巡视/验收检查时,若发现问题直接扣分。

评估项目(分值)	自我评估	小组评估	教师评估
资讯(5)			
计划和决策(5)			
实施和检查(10)			
合计(20)			
总评			

教师签名:_____

项目三　驱动电机结构原理与检修

任务1　驱动电机结构原理认知

学生姓名		班级		学号	
实训场地		学时		日期	
客户任务	一辆电动汽车无法高速行驶,你的主管初步诊断结果为驱动电机故障,让你对电机进行检查与更换,你能完成这个任务吗				
工作准备	(1)防护装备:绝缘防护装备。 (2)车辆、台架、总成:驱动电机挂图、模型,荣威E50、北汽EV160或其他纯电动汽车。 (3)专用工具、设备:举升机,起吊机,故障诊断仪。 (4)手工工具:绝缘拆装组合工具。 (5)辅助材料:警示标识和设备,清洁剂,电机冷却液				
任务要求	(1)能够检索资料,总结常见驱动电机的类型和特点。 (2)能够更换驱动电机总成				

请阅读教材中的"相关知识",完成以下内容。

(1)电机作用是什么?车用电机有何要求?

_____

_____

(2)常用的电机有哪些类型?分别有什么特点?

_____

_____

(3)描述几种常见车型驱动电机的类型和特点。

_____

_____

(4)描述驱动电机的结构组成和性能特点。

_____

_____

计划和决策

请根据任务要求,确定所需要的场地和物品,并对小组成员进行合理分工,制订详细的工作计划。

一、制订人员分工

小组编号:＿＿＿＿＿＿＿＿＿＿＿＿＿＿ 组长:＿＿＿＿＿＿＿＿＿＿＿＿＿＿

小组成员:＿＿＿＿＿＿＿＿＿＿＿＿＿＿＿＿＿＿＿＿＿＿＿＿＿＿＿＿＿＿＿＿

你的任务:＿＿＿＿＿＿＿＿＿＿＿＿＿＿＿＿＿＿＿＿＿＿＿＿＿＿＿＿＿＿＿＿

二、准备场地及物品

检查并记录完成任务需要的场地、设备、工具及材料。

1. 场地

检查工作场地是否清洁及存在安全隐患,如不正常,请汇报老师并及时处理。

记录:＿＿＿＿＿＿＿＿＿＿＿＿＿＿＿＿＿＿＿＿＿＿＿＿＿＿＿＿＿＿＿＿

2. 车辆、充电桩、总成、工件

(1)车辆:＿＿＿＿＿＿＿＿＿＿＿＿＿＿＿＿＿＿＿＿＿＿＿＿＿＿＿＿＿＿

(2)充电桩:＿＿＿＿＿＿＿＿＿＿＿＿＿＿＿＿＿＿＿＿＿＿＿＿＿＿＿＿＿

(3)其他:＿＿＿＿＿＿＿＿＿＿＿＿＿＿＿＿＿＿＿＿＿＿＿＿＿＿＿＿＿＿

3. 设备及工具

(1)防护装备:＿＿＿＿＿＿＿＿＿＿＿＿＿＿＿＿＿＿＿＿＿＿＿＿＿＿＿＿

(2)设备及工具:＿＿＿＿＿＿＿＿＿＿＿＿＿＿＿＿＿＿＿＿＿＿＿＿＿＿＿

4. 安全要求及注意事项

(1)实训汽车停在实训工位上,没有经过教师批准不可起动,经教师批准后起动,首先应先检查车轮的安全顶块是否放好,驻车制动器是否拉好,换挡杆是否放在 P 挡(A/T),确认车前没有人;

(2)禁止触碰任何带安全警示标识的部件;

(3)实训期间禁止嬉戏打闹。

三、制订工作方案

根据任务,小组进行讨论,确定工作方案(流程/工序),并记录。

实施和检查

根据制订的计划实施,完成以下任务并记录。

1. 驱动电机类型认知

1)参观实训室中驱动电机的挂图或模型,了解汽车用驱动电机的结构组成
记录(你看到的驱动电机结构组成、特点):

2)利用互联网查询新能源汽车驱动电机的现状和发展
打开电脑或移动终端的浏览器,利用其搜索功能,搜索"驱动电机、类型"等关键词,查询并记录相关的信息。必要时走访周边汽车销售门店,了解驱动电机的类型特点。

(1)目前市场上有几种类型驱动电机:＿＿＿＿＿＿＿＿＿＿＿＿＿＿＿＿＿＿＿＿＿＿
＿＿＿＿＿＿＿＿＿＿＿＿＿＿＿＿＿＿＿＿＿＿＿＿＿＿＿＿＿＿＿＿＿＿＿＿＿＿。

(2)主要类型驱动电机的参数:＿＿＿＿＿＿＿＿＿＿＿＿＿＿＿＿＿＿＿＿＿＿＿＿
＿＿＿＿＿＿＿＿＿＿＿＿＿＿＿＿＿＿＿＿＿＿＿＿＿＿＿＿＿＿＿＿＿＿＿＿＿＿。

(3)主要类型驱动电机的结构组成:＿＿＿＿＿＿＿＿＿＿＿＿＿＿＿＿＿＿＿＿＿＿
＿＿＿＿＿＿＿＿＿＿＿＿＿＿＿＿＿＿＿＿＿＿＿＿＿＿＿＿＿＿＿＿＿＿＿＿＿＿。

(4)主要类型的驱动电机用在哪些新能源汽车上:＿＿＿＿＿＿＿＿＿＿＿＿＿＿＿
＿＿＿＿＿＿＿＿＿＿＿＿＿＿＿＿＿＿＿＿＿＿＿＿＿＿＿＿＿＿＿＿＿＿＿＿＿＿。

3)根据查询获取的信息,撰写报告《新能源汽车驱动电机类型与应用》

2. 荣威 E50 驱动电机总成更换

1)操作前准备
详细阅读警告和注意事项,并进行高压系统操作前准备工作。

完成情况记录：
_____
_____

2）荣威 E50 驱动电机总成拆卸
（1）拆卸操作记录：_____
_____
_____

（2）安装操作记录：_____
_____
_____

3）北汽 EV160 或其他车型驱动电机总成拆装
（1）拆卸操作记录：_____
_____
_____

（2）安装操作记录：_____
_____
_____

 评估

根据任务完成情况，学生自我评分，教师或指定组长过程巡视/验收检查时，若发现问题直接扣分。

评估项目(分值)	自我评估	小组评估	教师评估
资讯(5)			
计划和决策(5)			
实施和检查(10)			
合计(20)			
总评			

教师签名：_____

任务2 驱动电机检修

学生姓名		班级		学号	
实训场地		学时		日期	
客户任务	一辆纯电动汽车,仪表出现驱动电机过热的故障警告灯,你的主管要求你进行检修,你能完成这个任务吗					
工作准备	(1)防护装备:绝缘防护装备。 (2)车辆、台架、总成:荣威 E50、比亚迪 e6 或同类纯电动汽车。 (3)专用工具、设备:万用表,电机测试平台。 (4)手工工具:组合工具一套。 (5)辅助材料:警示标识和设备,干净抹布,专用的冷却液				
任务要求	(1)能进行驱动电机与控制器冷却系统部件的更换。 (2)能进行驱动电机部件的检测。 (3)能进行驱动电机性能的检测				

请阅读教材中的"相关知识",完成以下内容。
(1)电机与控制器冷却系统有什么作用?

_____

_____

(2)电机的散热类型有哪几种?

_____

_____

(3)描述荣威 E50、北汽新能源、比亚迪驱动电机与控制器冷却系统的结构和原理。

_____

_____

_____

(4)描述驱动电机的检测。
①电机主要技术性能评价参数。

_____

_____

②电机性能参数的检测。

_____

_____

③新能源汽车驱动电机使用注意事项及检修要求。

_____

_____

计划和决策

请根据任务要求,确定所需要的场地和物品,并对小组成员进行合理分工,制订详细的工作计划。

一 制订人员分工

小组编号:_____组长:_____
小组成员:_____
你的任务:_____

二 准备场地及物品

检查并记录完成任务需要的场地、设备、工具及材料。

1. 场地

检查工作场地是否清洁及存在安全隐患,如不正常,请汇报老师并及时处理。
记录:_____

2. 车辆、充电桩、总成、工件

(1)车辆:_____
(2)充电桩:_____
(3)其他:_____

3. 设备及工具

(1)防护装备:_____
(2)设备及工具:_____

4. 安全要求及注意事项

(1)实训汽车停在实训工位上,没有经过老师批准不可起动,经老师批准后起动,首先应先检查车轮的安全顶块是否放好,驻车制动器是否拉好,换挡杆是否放在 P 挡(A/T),确认车前没有人;
(2)禁止触碰任何带安全警示标识的部件;
(3)实训期间禁止嬉戏打闹。

三 制订工作方案

根据任务,小组进行讨论,确定工作方案(流程/工序),并记录。
_____
_____

实施和检查

根据制订的计划实施,完成以下任务并记录。

根据实训室的车辆配置,对新能源汽车电机与控制器冷却系统的部件进行更换。掌握本次实训课所使用仪器及设备的使用方法,并强调实训中的安全注意事项。

1. 荣威 E50 驱动电机与控制器冷却系统电动冷却液泵的更换

1)电动冷却液泵的拆卸

操作记录:_____

_____

2)电动冷却液泵的安装

操作记录:_____

_____

2. 其他新能源汽车(比亚迪 e6/秦、北汽 EV)驱动电机与控制器冷却系统电动冷却水泵的更换

1)电动冷却液泵的拆卸

操作记录:_____

_____

2)电动冷却液泵的安装

操作记录:_____

_____

3. 驱动电机检测

1)操作前准备

详细阅读警告和注意事项,并进行高压系统操作前准备工作。

完成情况记录:_____

_____

2)电机定子绕组检测

(1)绕组接线柱判断。

画出 6 个接线柱示意图,并标出同一绕组的接线柱。

(2)绕组电阻测试。

绕组编号	电阻值	偏差说明	结论	备注
1				
2				
3				

(3)绕组之间绝缘电阻检测。

绕组编号	绝缘电阻值	结论	备注
1-2			
1-3			
2-3			

(4)绕组之间绝缘电阻检测。

绕组与机壳	绝缘电阻值	结论	备注
1-机壳			
2-机壳			
3-机壳			

3)驱动电机性能检测

提示：

根据实训室设备配置选做。

(1)设备功能认识记录：_____

(2)测试记录：_____

评估

根据任务完成情况,学生自我评分,教师或指定组长过程巡视/验收检查时,若发现问题直接扣分。

评估项目(分值)	自我评估	小组评估	教师评估
资讯(5)			
计划和决策(5)			
实施和检查(10)			
合计(20)			
总评			

教师签名：_____

项目四　驱动电机管理系统结构原理与检修

任务1　驱动电机管理系统结构原理认知

学生姓名		班级		学号	
实训场地		学时		日期	
客户任务	一辆电动汽车无法运行,你的主管对其诊断结果为驱动电机控制器异常,让你进一步检查,必要时更换。你能完成这个任务吗				
工作准备	(1)防护装备:常规实训着装。 (2)车辆、台架、总成:比亚迪 e6、北汽新能源、上汽荣威 E50 纯电动汽车,比亚迪秦混合动力汽车,或其他同类新能源汽车整车或台架;驱动电机控制器总成。 (3)专用工具、设备:无				
任务要求	能够检索资料,归纳并描述主流车型驱动电机控制器的类型、结构与特点				

请阅读教材中的"相关知识",完成以下内容。
(1)驱动电机管理器的功能是什么?

(2)驱动电机管理器有哪些类型?

(3)电动汽车上为什么要采用驱动电机控制器?

(4)典型车型驱动电机控制器的结构组成与工作原理。

 计划和决策

请根据任务要求,确定所需要的场地和物品,并对小组成员进行合理分工,制订详细的工作计划。

一、制订人员分工

小组编号:_____ 组长:_____
小组成员:_____
你的任务:_____

二、准备场地及物品

检查并记录完成任务需要的场地、设备、工具及材料。

1. 场地

检查工作场地是否清洁及存在安全隐患,如不正常,请汇报老师并及时处理。
记录:_____

2. 车辆、充电桩、总成、工件

(1)车辆:_____
(2)充电桩:_____
(3)其他:_____

3. 设备及工具

(1)防护装备:_____
(2)设备及工具:_____

4. 安全要求及注意事项

(1)实训汽车停在实训工位上,没有经过老师批准不可起动,经老师批准后起动,首先应先检查车轮的安全顶块是否放好,驻车制动器是否拉好,换挡杆是否放在 P 挡(A/T),确认车前没有人;
(2)禁止触碰任何带安全警示标识的部件;
(3)实训期间禁止嬉戏打闹。

三、制订工作方案

根据任务,小组进行讨论,确定工作方案(流程/工序),并记录。

_____
_____

实施和检查

根据制订的计划实施,完成以下任务并记录。

(1)参观实训室中驱动电机控制器的挂图或模型,了解驱动电机控制器的类型、结构组成。

记录(你看到的驱动电机控制器类型、结构组成、特点):

_____

_____

_____

_____

(2)利用互联网查询新能源汽车驱动电机控制器的现状和发展。

打开电脑或移动终端的浏览器,利用其搜索功能,搜索"驱动电机控制器、逆变器、DC/DC 变换器、类型"等关键词,查询并记录相关的信息。必要时走访周边汽车销售门店,了解主流车型逆变器和 DC/DC 变换器的类型和特点。

_____

_____

_____

_____

评估

根据任务完成情况,学生自我评分,教师或指定组长过程巡视/验收检查时,若发现问题直接扣分。

评估项目(分值)	自我评估	小组评估	教师评估
资讯(5)			
计划和决策(5)			
实施和检查(10)			
合计(20)			
总评			

教师签名:_____

任务 2　驱动电机管理系统检修

学生姓名		班级		学号	
实训场地		学时		日期	
客户任务	一辆比亚迪 e6 纯电动汽车出现无法行驶的故障，你的主管初步判断是驱动电机管理系统方面的问题，要求你利用诊断仪器进行进一步诊断，你能完成这个任务吗				
工作准备	(1)防护装备:常规实训着装。 (2)车辆、台架、总成:比亚迪 e6 纯电动汽车,荣威 E550 混合动力电动汽车,或其他同类新能源汽车。 (3)专用工具、设备:比亚迪、荣威专用故障诊断仪。 (4)手工工具:组合拆装工具。 (5)辅助材料:无				
任务要求	能够正确使用诊断仪读取和分析驱动电机控制器的基本参数				

请阅读教材中 的"相关知识",完成以下内容。
(1)描述驱动电机控制器的供电和程序(内部软件)检测。

(2)描述 IGBT 性能检测方法。

(3)描述驱动电机 U-V-W 相电流检测方法。

(4)描述驱动电机温度检测方法。

(5)描述驱动电机位置传感器检测方法。

(6)描述驱动电机控制器高压绝缘检测方法。

(7)描述驱动电机管理系统检测方法。

(8) 描述驱动电机管理系统运行的注意事项。
_____
_____

计划和决策

请根据任务要求,确定所需要的场地和物品,并对小组成员进行合理分工,制订详细的工作计划。

一、制订人员分工

小组编号:_____ 组长:_____
小组成员:_____
你的任务:_____

二、准备场地及物品

检查并记录完成任务需要的场地、设备、工具及材料。

1. 场地

检查工作场地是否清洁及存在安全隐患,如不正常,请汇报老师并及时处理。
记录:_____

2. 车辆、充电桩、总成、工件

(1) 车辆:_____
(2) 充电桩:_____
(3) 其他:_____

3. 设备及工具

(1) 防护装备:_____
(2) 设备及工具:_____

4. 安全要求及注意事项

(1) 实训汽车停在实训工位上,没有经过老师批准不可起动,经老师批准后起动,首先应先检查车轮的安全顶块是否放好,驻车制动器是否拉好,换挡杆是否放在 P 挡(A/T),确认车前没有人;
(2) 禁止触碰任何带安全警示标识的部件;
(3) 实训期间禁止嬉戏打闹。

三、制订工作方案

根据任务,小组进行讨论,确定工作方案(流程/工序),并记录。

实施和检查

根据制订的计划实施,完成以下任务并记录。

1. 比亚迪 e6 驱动电机控制器数据流读取和分析

以比亚迪 e6 为例,进行驱动电机控制器模块数据流读取和分析。

操作过程记录:

读取驱动电机的数据流,如果发现异常,则将异常数据填写下表。

参数名称	数　值	单　位	控制模块	异常原因及处理方法

2. 荣威 E550 驱动电机控制器数据流读取和分析

以荣威 E550 为例,进行驱动电机控制器模块数据流读取和分析。

操作过程记录:

读取驱动电机的数据流,如果发现异常,则将异常数据填写下表。

参数名称	数值	单位	控制模块	异常原因及处理方法

评估

根据任务完成情况,学生自我评分,教师或指定组长过程巡视/验收检查时,若发现问题直接扣分。

评估项目(分值)	自我评估	小组评估	教师评估
资讯(5)			
计划和决策(5)			
实施和检查(10)			
合计(20)			
总评			

教师签名:＿＿＿＿＿

项目五　动力驱动单元结构原理认知

任务1　混合动力电动汽车动力驱动单元结构原理认知

学生姓名		班级		学号	
实训场地		学时		日期	
客户任务	作为新能源汽车专业的售后服务人员,你知道混合动力电动汽车有几种驱动形式吗？这些驱动形式的结构原理分别是什么				
工作准备	(1)防护装备:常规实训着装。 (2)车辆、台架、总成:普锐斯混合动力电动汽车,混合动力驱动单元挂图、模型,能连接互联网的电脑或移动终端。 (3)专用工具、设备:无。 (4)手工工具:无。 (5)辅助材料:维修手册及相关技术资料				
任务要求	能够检索资料,归纳并描述混合动力电动汽车各种驱动形式的结构和特点				

请阅读教材中的"相关知识",完成以下内容。

(1)混合动力电动汽车有几种驱动形式？画出结构示意图。

画出结构示意图：

(2)描述串联式混合动力驱动单元的采用车型、特点、结构形式和运行模式。

(3)描述并联式混合动力驱动单元的采用车型和特点。

(4)描述混联式混合动力驱动单元的采用车型和运行模式。
_____
_____

计划和决策

请根据任务要求,确定所需要的场地和物品,并对小组成员进行合理分工,制订详细的工作计划。

一 制订人员分工

小组编号:_____ 组长:_____
小组成员:_____
你的任务:_____

二 准备场地及物品

检查并记录完成任务需要的场地、设备、工具及材料。

1. 场地

检查工作场地是否清洁及存在安全隐患,如不正常,请汇报老师并及时处理。
记录:_____

2. 车辆、充电桩、总成、工件

（1）车辆:_____
（2）充电桩:_____
（3）其他:_____

3. 设备及工具

（1）防护装备:_____
（2）设备及工具:_____

4. 安全要求及注意事项

（1）实训汽车停在实训工位上,没有经过老师批准不可起动,经老师批准后起动,首先应先检查车轮的安全顶块是否放好,驻车制动器是否拉好,换挡杆是否放在 P 挡（A/T）,确认车前没有人;
（2）禁止触碰任何带安全警示标识的部件;
（3）实训期间禁止嬉戏打闹。

三 制订工作方案

根据任务,小组进行讨论,确定工作方案(流程/工序),并记录。

实施和检查

根据制订的计划实施,完成以下任务并记录。

(1)参观实训室中混合动力驱动单元的挂图或模型,或网上搜索相关资料,了解混合动力驱动单元的形式和特点。

记录(你看到的驱动单元的形式和特点):
_____

(2)混联式混合动力驱动单元运行模式认知。
参照"相关知识"的内容,对照实车或台架,分析混联式混合动力驱动单元的运行模式。
①车辆停止发动机被启动。
发动机和电机的工作情况:
_____

②车辆低负荷工况。
发动机和电机的工作情况:
_____

③车辆正常行驶工况。
发动机和电机的工作情况:
_____

评估

根据任务完成情况,学生自我评分,教师或指定组长过程巡视/验收检查时,若发现问题直接扣分。

评估项目(分值)	自我评估	小组评估	教师评估
资讯(5)			
计划和决策(5)			
实施和检查(10)			
合计(20)			
总评			

教师签名:_____

任务2　纯电动汽车动力驱动单元结构原理认知

学生姓名		班级		学号	
实训场地		学时		日期	
客户任务	作为新能源汽车专业的售后服务人员,你知道纯电动汽车动力驱动单元的结构特点吗				
工作准备	(1)防护装备:常规实训着装。 (2)车辆、台架、总成:北汽新能源纯电动汽车、比亚迪 e6 纯电动汽车驱动单元总成及部件,纯电动汽车驱动单元挂图、模型,能连接互联网的电脑或移动终端。 (3)专用工具、设备:无。 (4)手工工具:无。 (5)辅助材料:无。				
任务要求	能够检索资料,归纳并描述纯电动汽车各种驱动形式的结构和特点				

请阅读教材中的"相关知识",完成以下内容。
(1)与混合动力电动汽车相比,纯电动汽车动力驱动单元有什么特点?

_____

_____

(2)纯电动汽车动力驱动单元有哪些功能?

_____

_____

(3)描述纯电动汽车动力驱动单元的驱动形式,画出结构示意图,并分析比较优缺点。

_____

画出结构示意图:

(4)描述纯电动汽车常用的动力驱动单元。

_____

_____

计划和决策

请根据任务要求,确定所需要的场地和物品,并对小组成员进行合理分工,制订详细的工作计划。

一 制订人员分工

小组编号:_____组长:_____
小组成员:_____
你的任务:_____

二 准备场地及物品

检查并记录完成任务需要的场地、设备、工具及材料。

1. 场地

检查工作场地是否清洁及存在安全隐患,如不正常,请汇报老师并及时处理。
记录:_____

2. 车辆、充电桩、总成、工件

(1)车辆:_____
(2)充电桩:_____
(3)其他:_____

3. 设备及工具

(1)防护装备:_____
(5)设备及工具:_____

4. 安全要求及注意事项

(1)实训汽车停在实训工位上,没有经过老师批准不可起动,经老师批准后起动,首先应先检查车轮的安全顶块是否放好,驻车制动器是否拉好,换挡杆是否放在 P 挡(A/T),确认车前没有人;
(2)禁止触碰任何带安全警示标识的部件;
(3)实训期间禁止嬉戏打闹。

三 制订工作方案

根据任务,小组进行讨论,确定工作方案(流程/工序),并记录。
_____
_____
_____

根据制订的计划实施,完成以下任务并记录。

(1)参观实训室中纯电动汽车驱动单元的挂图或模型,或网上搜索相关资料,了解纯电动汽车驱动单元的形式和特点。

记录(你看到的驱动单元的形式和特点):
_____

(2)比亚迪纯电动汽车驱动单元结构认知。

对照实车、台架或总成,认识纯电动汽车驱动单元的组成部件。

①驱动单元在整车上的位置。

记录:_____

②驱动单元结构组成。

记录:_____

③驱动单元各组成部件外观及功能。

记录:_____

(3)北汽纯电动汽车驱动单元结构认知。

对照实车、台架或总成,认识纯电动汽车驱动单元的组成部件。

①驱动单元在整车上的位置。

记录:_____

②驱动单元结构组成。

记录:_____

③驱动单元各组成部件外观及功能。

记录:_____

(4)_____(车型)驱动单元结构认知

对照实车、台架或总成,认识纯电动汽车驱动单元的组成部件。

①驱动单元在整车上的位置。

记录:_____

②驱动单元结构组成。

记录：_____

_____

③驱动单元各组成部件外观及功能。

记录：_____

_____

 评估

根据任务完成情况，学生自我评分，教师或指定组长过程巡视/验收检查时，若发现问题直接扣分。

评估项目(分值)	自 我 评 估	小 组 评 估	教 师 评 估
资讯(5)			
计划和决策(5)			
实施和检查(10)			
合计(20)			
总评			

教师签名：_____

职业教育新能源汽车技术专业创新教材

新能源汽车概论（第2版）

新能源汽车高压安全与防护（第2版）

新能源汽车动力电池与驱动电机（第2版）

新能源汽车充电与辅助系统检修

新能源汽车维护与故障诊断（第2版）

智能网联汽车概论

ISBN 978-7-114-17925-9

定价：49.00元
（含教材 + 任务工单）